마음을 어루만지는 기술
디지털 해독
프로젝트

디지털 해독 프로젝트
마음을 어루만지는 기술

초판 1쇄 발행 2025년 10월 10일

지은이 정경자, 오수아, 이은와, 정은경, 정아영, 서로
펴낸이 장길수
펴낸곳 지식과감성#
출판등록 제2012-000081호

교정 김지원
디자인 강샛별
편집 강샛별
검수 주경민, 이현
마케팅 김윤길

주소 서울시 금천구 벚꽃로298 대륭포스트타워6차 1212호
전화 070-4651-3730~4
팩스 070-4325-7006
이메일 ksbookup@naver.com
홈페이지 www.knsbookup.com

ISBN 979-11-392-2861-8(03190)
값 16,700원

- 이 책의 판권은 지은이에게 있습니다.
- 이 책 내용의 전부 또는 일부를 재사용하려면 반드시 지은이의 서면 동의를 받아야 합니다.
- 잘못된 책은 구입하신 곳에서 바꾸어 드립니다.

지식과감성#
홈페이지 바로가기

마음을 어루만지는 기술

디지털 해독 프로젝트

정경자 오수아 이은와 정은경 정아영 서로

"건강한 디지털 사회를 위한 제안"

우리는 '읽고 쓰는' 조용한 습관으로 돌아가야 한다. 읽고 쓰는 행위는 단순해 보이지만, 뇌 안에서는 놀라운 변화가 일어난다.

프롤로그

"사람이 닭과 개를 잃어버리면 찾을 줄을 알지만,
마음을 잃어버리고는 찾을 줄을 모른다."

맹자의 이 말은, 우리가 일상에서 소중한 물건을 잃으면 즉시 찾아 나서지만, 정작 자신의 마음, 감정, 정신적 안정 같은 것이 흔들리고 잃어버렸다는 사실을 잘 인지하지 못한다는 의미다.

즉, 눈에 보이는 것에는 쉽게 관심과 노력을 기울이지만, 내면의 마음 상태나 정신적 건강에는 소홀해지기 쉽다는 경고이자 성찰의 메시지다. 요즘처럼 스마트폰과 디지털 자극이 넘쳐나는 시대에 특히 더 와닿는 말이다.

이처럼, 우리는 지금 마음을 잃고도 그것을 모른 채 살아간다. 스마트폰과 디지털 기기의 끝없는 자극은 우리의 뇌를 도파민 과잉 상태로 몰아넣고, 생각하고 기다리는 힘, 스스로를 들여다보는 능력을 마르게 한다. 마치 비를 애타게 기다리는 농부의 간절함을 외면하는 무심한 하늘 같다.

빠르고 강한 자극에 익숙해진 우리의 뇌는 점점 지치고, 마음은 쉽게 흔들린다. 화면을 닫고 마음을 펴는 일상을 회복해야 한다. 마음의 빈자리를 사람과의 진정한 연결로 채워야 한다. 관계가 튼튼할수록 중독의 틈이 줄어든다. 여기에 놀이, 운동, 예술 같은 뇌와 마음을 살리는 활동을 많이 늘려야 한다. 또한, 어린 시절부터 책 읽기와 감정 표현, 그리고 글쓰기를 습관화하는 것은 뇌 발달과 정서적 안정 모두에 결정적 토대가 된다.

특히 '읽고 쓰는' 조용한 습관으로 돌아가야 한다. 읽고 쓰는 행위는 단순해 보이지만, 뇌 안에서는 놀라운 변화가 일어난다. 신경성장인자(BDNF)의 생성을 도와 잠든 세포를 깨우고, 연결을 강화하며, 흔들리던 뇌를 천천히 회복시킨다. 도파민에 휘둘리는 시대, 뇌가 진정으로 원하는 건 더 많은 자극이 아니라 '균형'이다.

이 책은 스마트폰을 아예 끊자고 말하지 않는다.

끊을 수 없는 시대라면, 끌려가지 않고 스스로 조절하는 힘을 길러야 한다. 그 변화의 시작점으로 우리는 '읽기'와 '쓰기'를 제안한다. 무엇보다 AI와 깊이 소통하려면 '질문하는 힘'이 필요하다. 그 힘은 단단한 '읽기'와 꾸준한 '쓰기'에서 나온다. 결국, 좋은 질문은 더 깊은 대화와 풍부한 배움을 이끌어낸다.

독서치료사로서, 우리는 이 작은 습관이 얼마나 큰 변화를 일으키는지 지켜보았다. 지식이 아니라, 자기 자신과 다시 연결되는 길에서 수많은 사람들의 뇌와 마음이 치유되고 회복되었다.

이제 당신 차례다. 한 줄 읽고, 한 줄 써보라. 그 작은 실천이 당신의 뇌를 바꾸고, 삶을 지탱할 단단한 뼈대가 되어줄 것이다. 당신은 변화 가능성을 지닌 존재이며, 그 변화는 이 책을 펼친 지금 이 순간, 이미 시작되었다.

2025년 7월,
여섯 명의 저자를 대표해서 **오수아**

목차

Part 1.
조용한 침략, 디지털 중독의 시대

1장. 네모난 유혹, 스마트폰 세상
- 01. 손안의 마법, 잃어가는 경험   15
- 02. 디지털미디어와 앱 활용 수업의 실태   19
- 03. 뇌는 종이책과 전자책을 다르게 경험한다   26
- 04. 스마트폰 시대, 현명하게 꾀하는 길   29

2장. 뇌를 잠식하는 스마트폰 자극
- 01. 디지털 중독의 현주소   33
- 02. 뇌 기능과 구조의 변화   37
- 03. 스마트폰 과사용에서 오는 몸의 경고   42
- 04. 도파민을 지혜롭게 선택한 사람들   51

3장. 디지털 과사용에서 오는 심리 변화

 01. 감정이 사라진 아이들   57
 02. 열등감, 자기불구화, 내사   64
 03. 깊어지는 우울과 회피   71
 04. 내 마음을 조종하는 손안의 기계   76

Part 2.
뇌를 위한 안전지대 만들기

4장. 뇌의 운명이 바뀌는 결정적 시기

 01. 평생을 좌우하는 양육 환경   87
 02. 태아~유아(7세까지), 폭발적인 뇌 발달 시기   90
 03. 초등기(7~12세), 뇌 네트워크가 꽃피는 시기   97
 04. 청소년기(12~18세), 뇌가 다시 조직되는 시기   100
 05. 성인기 이후, 느리지만 계속되는 뇌의 진화   103

5장. 건강한 디지털 사회를 위한 제안

 01. 조용한 침입자, 디지털의 영향   111
 02. 외국과 우리나라의 디지털 정책   114
 03. 가정에서 시작하는 디지털 디톡스   121
 04. 건강한 디지털 시대를 위한 사회적 협력   135
 05. 부모에게 숨 쉴 틈을 주자   139

Part 3.
사랑과 글자가 만든 회복의 길

6장. 읽고 쓰기, 신경세포를 깨우다

   01. 읽기의 본질과 의미　　　　　　　　　145

   02. 글쓰기와 내면의 표현　　　　　　　　152

   03. 읽고 쓰기, 뇌를 깨우다　　　　　　　　156

   04. 읽고 쓰기, 뇌 연결망을 강화하다　　　164

7장. (사례 나눔) 독서, 사랑을 읽는 시간

   01. For. 교사) 나는야, 레고 디자이너　　　177

   02. For. 부모) 금빛 은빛 나비의 꿈　　　　186

   03. For. 친구) 우리는 다르게 살 수 있다　　197

Part 4.
회복의 실천, 책으로 만나는 마음

8장. 마음에 닿는 책 처방전

01. 책 한 권이 건네는 빛	209
02. 집중력의 빈 곳 책 읽기로 채우기	217
03. 발달 욕구를 채우는 따뜻한 책	221
04. 책으로 들여다보는 마음	234
05. 시로 만나는 연령별 추천 도서	242

9장. 독서심리상담 프로그램 가이드

01. 마음 북(BOOK)돋움	252
02. 독서심리상담 프로그램 실제	254
03. 대상별 맞춤 프로그램 설계 가이드	255
04. 대상별 적용 프로그램 구성안	257
05. 발달단계별 예방 중심 6회기 프로그램 실제	262
06. 주제별 독서심리상담 12회기 프로그램 실제	267

Part 1.

조용한 침략,
디지털 중독의 시대

1장.
네모난 유혹, 스마트폰 세상

스마트폰이 가진 문제점들을 충분히 덮고도 남을 만큼의,
흙 같은 어떤 것을 찾아내어,
그것으로 우리가 가는 삶의 길을 채운다면 어떨까.

01 손안의 마법, 잃어가는 경험

우리는 현실을 얼마나 알고 있을까?

"너 자신을 알라."

위대한 그리스 철학자로 알려진 소크라테스가 남긴 말이다. 소크라테스는 신을 믿지 않으며, 무지한 자신을 깨쳐가라는 말과 함께 기이한 설파를 해서 젊은이들을 타락시킨다는 죄목으로 사형선고를 받아 독배를 마셨다. 전해오는 그에 대한 일화를 보면 그가 얼마나 급진적이었으며, 놀라울 만큼 열린 사고를 가진 자였는지 느낄 수 있다. 이렇게 뛰어난 선구자였던 소크라테스였지만 그에게도 한 가지 마음이 열리지 않았던, 매우 강경하게 보수적인 견해를 취했던 분야가 하나 있다. 바로 문자와 책이다.

소크라테스는 문자로 기록되어 책으로 손쉽게 타인의 생각을 읽을 수 있게 되면 사고력이 떨어지게 될 것이고, 외울 필요가 없으므로 기억력도 나빠질 것이며, 이로 인해 인류는 전반적인 언어능력을 잃게 될 것이라 말했다. 하지만 소크라테스의 우려는 다행히도 일어나지 않았다. 나무의 결을 품은 종이에, 새의 깃털로 된 아름다운 펜으로, 단호하면서도 결연한 검은 빛을 담아 새겨진 글자들. 그것을 모아 놓은, 경이로움 그 자체였던 책. 이는 수많은 젊은이의 좁고 작은 생각과 감정을 무한한 세상에 닿게 해주었다. 책을 읽으며 꿈을 꾸었고, 꿈은 사상과 길이 되었으며, 다채로운 경험으로 풍요로운 삶을 살도록 이끌었다. 인류는 문자와 책을 도구 삼아 찬란하고 유구한 역사를 이뤄냈다.

이 이야기는 현재 우리 사회에서 끊임없이 거론되는 디지털미디어와 스마트폰 사용에 관한 논쟁이 있을 때면 심심찮게 등장하곤 한다. 소크라테스 시대에 글과 책이 사람들의 생각과 정보를 전달하는 방식에 큰 변화를 가져왔듯이, 오늘날에는 디지털미디어와 스마트폰이 비슷한 역할을 하고 있기 때문이다. 눈이 시리도록 부시게 빛나는 총천연색 디지털미디어 정보를 지치지도 않고 무시간적으로 펼쳐내 주는 반짝이는 은빛 도구 스마트폰. 그것은 문자와 책이 그랬듯, 우리를 더 큰 세상으로 이끌며 반짝이는 꿈을 꾸도록 돕고 있을까? 일견 그런 것 같기도 하다. 하지만 이 놀라운 도구가 우리에게 안겨준 결과는 문자와 책과는 달리 현재까지 그리 아름답지만은 않다.

2025년 3월, 어느 평범한 초등학교 1학년 교실 이야기

광장에서 지혜와 지식을 소리쳐 전하던 소크라테스 시대에서 급격하게 건너뛰어 2025년 3월의 어느 초등학교 1학년 교실로 가 보자. 아이들은 초등학생이 되어 본격적으로 연필을 쥐고, 손으로 선 긋기를 연습하며, 글자를 배우기 시작한다. 선 긋기를 시작한 지 5분도 채 지나지 않아 많은 아이가 교사에게 우르르 나온다. 교사가 묻는다. "무슨 일이니?" 팔이 아프다고 한다. 연필 쥐는 힘이 없는 아이들을 위해 먼저 팔 힘을 길러줘야겠다는 판단이 선 교사는 아이들이 좋아할, 최신 유행 만화 캐릭터로 먼저 색칠 공부를 시켰다. 5분도 채 지나지 않아 또 아이들이 우르르 나온다. 이번엔 뭐가 문제인지 물었더니 재미가 없다고 한다. 놀이 활동을 하면 좀 흥미가 생길까 싶어 가위바위보 게임을 하는데 "저는 지는 게임은 안 하는데요" 한다. 줄넘기하러 운동장을 데리고 나가면 다리가 아프다 하고, 종이접기를 하면 "모르겠어요. 선생님이 해주세요" 한다. 교실에서 책상들 사이를 지나가다 혼자 책상 모서리에 부딪혔는데 "쟤가 나 때렸어요" 하고, 레크리에이션 활동으로 한 줄로 앉아 어깨를 주물러 주라고 했더니 "쟤가 내 목 졸라요" 한다. 물건을 서로 나눠 쓰는 교과서 그림을 본 어떤 아이는 "나눠 쓰면 안 되지 않아요? 병 걸려요"라고 한다. 아침에 화장실을 가면서 "선생님, 물티슈로 똥 닦아 주세요. 아니면 엄마한테 전화해 주세요" 한다. 급식실에서 점심을 먹는데 조용히 교사에게 와서 "선생님, 저는 특별히 저기 교장 선생님 밥 먹는 자리에서 먹으면 안 돼요? 애들이 더럽고 시끄러워요" 한다. 수업 중인데 "선생님, 이리 좀 와 봐요. 책 좀 펴 주세요" 한다. 3월 한 달도 채 지나지 않아 나이 지긋하신 한 교사는 끝내 이렇게 푸념했다. "도대체 요즘 애들 왜 이래? 왜 이렇게 아무것도 못해?" 한 젊은 교사가 툭, 답한다. "딱 하나 잘하는 거 있죠, 핸드폰이요."

학교 수업 중에 스마트폰을 못 쓰게 했다는 이유로 교사에게 도를 넘는 반항 행동을 하는 학생들에 대한 뉴스, 스마트폰 사용으로 인해 일상에까지 문제가 발생해 상담실과 정신건강의학과를 찾는 이들의 이야기는 끊이지 않고 점점 더 높은 수위를 보이며 나타나는 중이다. 우리는 디지털미디어와 스마트폰으로 인해 성장기 아이들과 매일같이 곤욕을 치르는 시대를 살고 있다. 디지털미디어와 스마트폰은 그저 새로운 시대로 넘어가는 과도기적 현상으로 보고 잠시 임시로 대처하며 지나가기에는 어딘가 거대하고도 근본적인 무언가를 품고 있는 것이다. 우리는 이 책을 통해 그것을 드러내고 파헤칠 것이다. 그리고 그것과 함께 지혜롭게 살아갈 삶의 방식을 건설해 보고자 한다. 그 첫 출발로 디지털미디어와 스마트폰 앱을 활용한 배움이 실제 현장에서 어떤 양상으로 이루어지고, 어떠한 배움 경험을 제공하는지 살펴보고자 한다.

02 디지털미디어와 앱 활용 수업의 실태

디지털 기반 교육, 실제로 어떻게 펼쳐질까?

작년과 올해, 초등교사 명이는 국가에서 많은 예산을 쏟아부으며 전국의 교사에게 시행했던 디지털미디어와 앱, 디지털교과서 활용 교육 연수를 자의 반 타의 반으로 꽤 많은 시간을 들여 받았다. 명이는 과연 그 수많은 연수들을 통해 현시대에 걸맞은 능력을 갖춘 교사가 되었을지 자신에게 묻고 싶기도 했고, 거대한 액수의 세금과 노력이 들어간 만큼 이것이 실제로 지금 시대의 아이들에게 정말 의미 있는지 궁금하기도 했다. 그러한 이유로 매년 이루어지는 4월 과학의 달을 맞아 2025년, 명이는 그동안 연수를 통해 익힌 디지털 기반 수업을 '과학'이라는 주제에 엮어보았다. 학교에서 명이가 맡고 있는 업무는 단위학교 영재학급 운영 총괄이었다. 단위학교에서 실시하는 영재학급은 학습에 열의가 있고, 가정에서 학습지원이 수월한 학생들로 구성되어 있기 때문에, 아직 디지털 기반 수업이 익숙지 않은 명이는 교사의 부족함을 채울 수 있을 것 같은 영재학급 아이들에게 해당 교육과정을 시도하기로 했다. 명이는 어떤 교육 경험을 구성할까 고민하다가 요즘 아이들은 자연환경 속에서의 경험이 적다는 것에 착안하여 디지털 학습 환경을 기반으로 교실 안에서 이루어지는 생태교육을 고안했다. 초미세먼지니, 미세먼지니 해서 아무리 날 좋은 봄이 찾아와도 교실 안에서 꼼짝 못 하는 요즘 아이들을 위한 명이 나름의 배려도 담고 싶었다.

수업 흐름은 다음과 같았다. 아이들 각자 한 가지 종류의 씨앗을 선택한다. 아이들은 씨앗에 자기만의 이름을 붙이고, 땅에 심는다. 씨앗이 싹이 되고, 줄기를 뻗고, 꽃을 피우며, 나중에는 열매까지 맺는다. 수확한 열매는 세상 어딘가에 도착해 또 다른 존재에게 도움을 준다. 모든 과정을 디지털 기반 세상에서 간접 경험해 보고, 산출물발표회를 통해 다른 아이들과 나눈다. 일종의 프로젝트 학습이다.

4월 둘째 주, 명이는 계획서를 완성했다. 각 영재학급 담임교사들에게 간단한 전달 연수를 한 후, 야심 차게 실행에 들어갔다. 명이보다 훨씬 더 의욕 있고, 디지털 기기도 잘 다루는 젊은 영재학급 담임교사들을 보며 명이는 이 프로그램이 즐겁게 잘 끝날 거라 생각했다. 프로그램이 끝나는 때는 마침 어린이날이었다. 명이는 산출물발표회 후, 어린이날 기념 의미도 함께 담아 아이들에게 실물 씨앗과 화분 키트를 선물해 주는 멋진 마무리까지 준비했다.

 디지털 기반 교육 프로그램 시작 이후, 명이와 동료 교사들은 일단 디지털 기기들을 교내 와이파이에 연결하느라 밤늦은 시간까지 퇴근할 수 없었다. 학생들에게 교내 와이파이 비밀번호를 공유하는 쉬운 방법도 있긴 했지만 그럴 경우, 아이들이 그 비밀번호를 개인 휴대전화에 입력해 교내에서 교육적이지 않은 방식으로 사용하게 될 수 있고, 다른 아이들에게도 비밀번호가 공유되어 큰 사태가 벌어질 수도 있는 등 여러 변수가 있기 때문에 힘들지만 어쩔 수 없었다. 또한 혹시 모를 유해 사이트나 정보에 노출되지 않도록 매일같이 아이들이 사용했던 모든 기기를 확인해야 했고, 관련 수업 활동을 잘 지원해 줄 줄 알았던 학부모들로부터 예상치 못한 온갖 민원을 처리해야 했으며, 교육에 사용하는 프로그램 대부분이 영어로 된 주소로 이루어져 있는데 학생들의 영어 자판 사용이 수월치 않아 해당 URL을 간단한 URL로 매번 변경해 주거나 큐알코드로 변환 생성해서 스마트폰으로 접속 및 사용하도록 밑 작업을 해야만 했다. 영재학급 학생들이었음에도 불구하고 학부모와 학생들의 디지털 기기 활용 능력은 예상보다 매우 부족했고, 교사의 도움으로 디지털 기반 교육활동을 계속하기에는 교사들이 너무 힘에 부쳤으며, 교육적이지도 않아 보였다.

고심 끝에 명이와 담임교사들은 노트북이나 태블릿이 아닌, 스마트폰을 사용하는 것으로 합의를 보았다. 교사들은 네이버 밴드에 학습활동을 싹 다 정리해 올렸다. 학생들은 스마트폰으로 밴드에 접속한 후, 활동들을 클릭해 과제를 수행했다. 그렇게 할 수 없는 활동들은 큐알코드로 해결했다. 교사와 학생 모두 그렇게 편할 수가 없었다. 명이는 그렇게 해서 프로그램 만족도 조사까지 엄지손가락만으로 다 해결했다.

  씨앗과 화분 키트를 나눠주며 산출물발표회를 끝낸 날, 명이는 혼자 조용히 교실에 있다가 몇 년 전, 코로나19 팬데믹 시절의 기억을 떠올렸다. 갑작스러운 상황으로 온라인 재택 수업을 해야 했던 시절이었다. 1, 2학년 학생들은 EBS 방송 시청을 안내했고, 나머지 학년은 교사가 제공하는 온라인 학습을 했다. 온라인 학습 초기, 학교는 데스크톱 컴퓨터나 노트북, 태블릿이 없는 학생들에게 기기를 제공했고, 힘든 상황이지만 초기에는 그래도 의미 있는 교육을 만들기 위해 공을 들여 디지털 기기들 앞에서 여러 궁리를 하며 고군분투했었다. 하지만 현실은 녹록지 않았다. 가장 큰 문제는 형제자매가 있는 집 아이들의 학습 환경이었다. 쌍방향 온라인 화상 수업을 시도하면 거실에 있는 3학년 학생의 교실과 부엌에 있는 5학년 학생의 교실에서 음향 문제가 발생하는 식이었다. 원활한 수업을 위해 아이에게 다른 방으로 들어가라고 하면 아이는 이렇게 답했다. "선생님, 엄마 아빠도 재택근무해야 해서 방에 있어요. 엄마 아빠가 방에 절대 들어오지 말라고 했어요." 세 자녀가 있는 집은 세 아이 모두에게 좋은 데스크톱이나 노트북 등을 준비해 줄 수 없었고, 자녀 중에 학습 부담이 가장 적은 낮은 학년의 아이에게는 스마트폰을 줄 수밖에 없었다. 스마트폰으로는 다양한 온라인 학습활동을 할 수 없다. 오로지 일방향 전체 강의만 가능할 뿐이다. 각 반에는 그런 환경 속에 있는 아이들이 꼭 한두 명 이상 있었고, 그렇게 되어 온라인 수업은 스마트폰으로도 참여할 수 있는 일방향 줌 수업으로 형태를 갖춰갔다. 학교와 아이들은 그 시절을 그렇게 버텨냈었다.

아동기 배움은 어떻게 이루어지는가

교육대학교 시절, 명이는 피아제라는 심리학자의 이론을 공부하며 초등학생들은 구체적 조작기에서 형식적 조작기로 넘어가는 시기이므로 구체적인 조작 활동을 통해 추상적이고 논리적인 사고를 해낼 수 있도록 도와야 한다고 배웠던 가르침을 떠올렸다. 명이는 얼마 전, 담임교사로서 1학년 아이들과 '수의 비교' 수업을 하면서도 이를 체감했었다. 1학년 수학 교과서는 수의 개수가 '많음'과 '적음', 사물의 양감과 질감이 '많음'과 '작음'을 교과서 그림 속 스티커를 붙여가며 학습하도록 짜여 있다. 명이는 각 교과서들이 끊임없이 제공하는 스티커 붙이기 활동에 지치기도 했고,

교육적이지도 않다고 생각되어 고리 던지기 놀이 도구를 가져와 '수의 비교' 수업을 했다. '수의 비교' 수업 이후, 1학년의 모든 반을 다 들어가 수업을 보조해 주시는 협력 교사께서 수업 협의 때 명이에게 이런 말을 들려주셨다. "선생님, 수의 비교 수업을 하면서 높이, 물건이 차지하는 면적, 색으로도 비교할 수 있다고 발표한 반은 선생님 반 아이들밖에 없었어요. 아이들이 정말 똑똑하게 수학적 사고력을 사용해 발표해서 깜짝 놀랐어요."

명이는 안다. 아니, 우리 모두는 안다. 한 번도 장미를 본 적 없는 이에게 아무리 장미에 대해 보여주고, 설명해 줘도 그는 장미를 알 수 없다. 하지만 그에게 그저 진짜 장미 한 송이를 손에 쥐여 준다면 그는 장미가 무엇인지 단번에 이해할 것이다. 장미꽃잎의 부드러움과 붉음, 어딘가 독하면서도 매력적인 향, 찔리면 따가운 가시까지. 명이는 디지털 기반 미래형 교육이라는 슬로건에게 빼앗긴, 아이들이 실제로 경험했어야 했을 수많은 삶을 헤아리며 가슴 한편이 먹먹해져 왔다. 그래, 안다. 디지털 기반 세상이 다가오고 있으며 우리는 그것을 다룰 줄 아는 공부를 해야 한다는 것을. 하지만 디지털 기반 미래형 교육을 약 3주간 실제로 해보니 쉽지 않았고, 여러 어려운 상황은 현실적으로 어떤 한 가지 기계의 사용을 통해 해결할 수밖에 없었다. 스마트폰이다. 명이는 묻고 싶다. 디지털 기반 학습활동이 필요하다지만 아직 기초 학습 능력과 기본 생활 습관이 형성되어 있지 않은 유아와 아동 및 청소년에게까지 꼭 시행해야만 할까. 아직 기본 역량이 충분히 준비되지 않아 그 끝을 항상 스마트폰이 채우고 있는 우리의 현실은 어떻게 할 것인가.

　우리는 꿀이 아무리 몸에 좋아도 영아에게는 먹이지 않는다. 무엇이든 적당한 때와 강도가 있는 법이다. 명이는 자신의 질문 앞에서 예전에 뉴스에서 본 어떤 나라의 이야기가 떠올랐다. 전 세계가 디지털 기반 및 디지털 활용 학습을 늘려가는 데 열중하는 가운데 이 나라는 종이책 수업으로 모든 수업 방향을 전환한다고 했다. 그 나라는 다른 어떤 선진국들보다도 먼저 디지털 관련 교육을 의무적으로 실시하기 시작했던 나라이기도 했다. 그동안 그 나라에서는 어떤 일이 벌어졌던 걸까. 그들은 왜 다시 종이책으로 돌아가기로 한 걸까.

03 뇌는 종이책과 전자책을 다르게 경험한다

스웨덴의 종이책 정책

2023년 9월 11일, 영국 일간지 가디언은 스웨덴 정부에서 발표한 교육정책에 대한 기사를 보도했다. 이 기사는 스웨덴 주변 국가뿐 아니라 우리나라에까지 전해지며 많은 이들을 관심을 집중시켰다. 스웨덴 교육부 장관이 "학습에는 종이책이 필요하다"라고 발표하며, 그동안 "유치원에서의 디지털 기기 사용을 의무화했던 기존 방침을 뒤집겠다"라고 밝혔기 때문이다. 이뿐만이 아니었다. 스웨덴 교육부는 6세 미만 아동에 대한 디지털 학습을 완전히 중단할 것이라고 보도했다. 같은 시기, 독일은 학교에 디지털 기기 사용을 확대하기 위해 노력 중이었고, 폴란드도 공적 자금을 투입해 초등학교 4학년부터 노트북 컴퓨터를 지급하기 시작하고 있었기 때문에 이는 큰 이슈가 아닐 수 없었다. 스웨덴이 이러한 교육방침을 내놓은 근거는 초등학교 4학년생 읽기 능력을 평가하는 '국제읽기문해력연구(PIRLS)' 결과였다. 2021년 해당 연구소에서 읽기 능력 평가를 시행했는데, 스웨덴 초등학교 4학년생 평균 점수가 544점으로, 디지털 기반 학습을 본격적으로 실시하기 전인, 2016년 555점에 비해 11점이 낮아졌기 때문이라는 것이었다. 스웨덴은 종이책으로 돌아가기 위해 종이책 구입 비용으로만 원화로 약 823억 원가량을 학교에 배부하였고, 현재도 계속적으로 추가 배부하고 있다고 한다. 읽기 능력 평가만으로 이러한 대대적 전환을 결정했다는 게 쉽게 납득이 가지 않을 수도 있다. 하지만 좀 더 자세히 내막을 들여다보면 이야기는 달라진다.

스웨덴이 종이책으로의 전환을 선포했던 같은 해, 스페인에서도 비슷한 맥락을 공유하는 연구 결과를 발표했다. 스페인 발렌시아 대학의 교육심리학과의 교수인 크리스티나 바르가스와 라디사오 살메론은 무려 45만여 명을 대상으로 한 연구를 실시했으며, 연구 결과 종이책이 전자책보다 텍스트 이해력을 6~8배 정도 향상시킨다는 결론을 도출했다. 연구 중에는 디지털 기반 읽기는 종이책 읽기보다 재미나 흥미도에 있어서는 더 유리하기 때문에 만약 재미나 흥미가 높은 콘텐츠라면 디지털 기반 읽기가 더 이해도가 높을 것이라는 가설을 기반으로 한 실험도 있었는데, 그 실험 결과도 종이책의 텍스트 이해도가 훨씬 높은 것으로 나타났다고 한다.

종이책과 배움의 관계

종이책의 어떤 점이 전자책보다 인간의 이해력을 높여주는 걸까. 이에 대한 여러 해석이 있지만, 쉽게 말해 종이책이 가진 물성이 뇌가 가용 처리하기에 좋은 형태의 정보를 제공하기 때문이라고 할 수 있다. 종이를 만지고, 그 표면에 메모나 흔적을 남기기도 하며, 책장 하나하나를 넘기면서 뇌는 정신적 표상으로서 존재하는 글자 정보들을 물성으로 전환시켜 처리할 수 있게 되기 때문이다. 과학 분야의 집필 전문가인 산드라 애커먼은 『뇌의 발견(Discovering the Brain)』을 통해 일찍이 뇌스캔 영상을 제시하며 정적인 활동인 글자 읽기가 어떻게 물성화되어 신체적 활동과 유사한 동적인 작업으로 인식되는지를 설명했다. 2차원적이면서도 단편적인 전자책 정보 형태와 비교해, 종이책은 눈동자의 움직임, 책장을 만지며 넘기는 손가락과 손, 팔의 움직임, 책이 가지고 있는 무게감과 질감 등의 풍요로우면서도 입체적인 정보를 뇌에 제공하는 것이다.

스웨덴과 스페인의 이야기를 들여다보며 전자책의 유용함과 편리함을 얻기 위해 우리가 어떤 값을 치러야 하고, 무엇을 잃게 될 것인지 잠시 멈춰 생각해 보았으면 좋겠다.

04 스마트폰 시대, 현명하게 꾀하는 길

많은 이들이 스마트폰에서 나오는 알람 소리에 눈뜨며 하루를 시작한다. 스마트폰은 시간만 알려주는 게 아니다. 그날 날씨는 어떤지, 공기 질은 어떤지도 알려준다. 스마트폰이 알려주는 정보에 맞춰 그날 입을 옷을 결정하고, 스마트폰 건강 관리 앱에서 알려주는 정보에 맞춰 식사하며, 영양제나 약을 챙겨 먹는다. 스마트폰 덕에 대면이 불편한 사람들과 직접 만나야 하는 횟수도 많이 줄어 인간관계에서 오는 스트레스가 대폭 줄었다. 밤늦은 길, 어두운 골목이 무섭고 두려울 때, 여성들은 스마트폰을 꺼내 통화를 하거나 플래시를 켜서 길을 밝힌다. 아무렇지 않게 갑질을 하는 사람들 앞에서도 스마트폰은 잘 먹힌다. 녹음이나 영상 촬영으로 기록을 남기고, 세상에 알릴 수 있으며, 도움받을 수 있기 때문이다. 직장 생활로 자녀 양육에 어려움을 겪는 이들은 스마트폰으로 아이와 실시간 연락을 주고받으며 돌봄의 공백을 메우기도 한다. 실시간으로 외국어 번역을 해주는 스마트폰 앱 덕에 외국어를 잘 몰라도 큰 두려움 없이 미지의 세계로 여행을 떠나기도 한다. 대륙과 대서양이 사이에 있어도 실시간 연락을 주고받으며 함께할 수 있고, 몸이 불편하고 힘든 분들은 집에서 스마트폰으로 각종 업무를 처리할 수 있어 큰 도움을 받기도 한다. 스마트폰의 장점과 활용 방안은 정말이지 무궁무진하다. 우리는 이미 그것 없이는 살아가기 힘든 사회구조 속에 살고 있다. 하지만 그 편리함과 유용함을 위해 많은 것을 잃기도 하기에 현대의 우리는 특별한 지혜와 지식이 필요한 것도 사실이다. 어떻게 하면 이 매력적이고 훌륭한 기술을 활용해서 잘 살아갈 수 있을까. 이쯤에서 이야기 하나를 나눠본다.

> 어떤 이가 길을 가다가 돌부리에 걸려 넘어졌다. 다음 날이었다. 그는 또 같은 돌부리에 걸려 넘어졌다. 돌부리는 걸려 넘어지기에 딱 좋은 곳에 자리 잡고 있었다. 그는 돌부리를 파헤치고 꺼내어 없애기로 했다. 겉으로 보기에 그리 커 보이지 않았는데 파헤쳐 보니 돌부리는 아주 거대했다. 돌부리를 뽑아내 없앨 수 없다는 걸 깨달은 그는 체념하고 길을 처음으로 되돌려 놓으려 했다. 깊이 파헤쳐지고, 헤집어진 길을 도로 흙으로 덮으면서 그는 문득, 깨달았다. 흙을 더 가져와 덮으면 길 표면에 나와 있는 돌부리까지 덮어 없앨 수 있다는 것을 말이다. 그는 근처에서 곱고 다부진 흙을 더 가져왔고, 돌부리는 흙으로 덮여 더는 지나가는 이들이 걸려 넘어지지 않게 되었다. 그 길이 거대한 돌덩이 위에 만들어진 길임을 알게 된 사람들은 무거운 짐과 함

> 께 이동해야 할 때면 일부러 그 길을 이용하기 시작했다. 주변의 다른 길에 비해 기반이 튼튼한 길은 홍수나 가뭄, 지진에도 거뜬히 제자리를 지켜주었고, 점점 더 넓어져 더 많은 이들이 다닐 수 있는 안전하고 큰 길이 되어갔다.

　우리는 디지털 기반 환경의 정점인 스마트폰으로 인해 자꾸만 걸려 넘어지는 중이다. 앞으로 펼쳐질 이야기를 고려해 보면 그것은 그저 잠시 걸려 넘어져 다치는 정도가 아닐지도 모른다는 생각이 들지도 모른다. 하지만 스마트폰은 이미 우리 삶에서 뽑아내 없애기에는 너무 깊숙이 들어와 있다. 하여, 우리는 이 문제를 없애는 방식이 아니라 다른 방식으로 해결해 보고자 한다. 위의 이야기에서는 돌부리를 없애기 위해 흙을 더 가져와 덮었다. 이처럼 우리도 스마트폰이 가진 문제점들을 충분히 덮고도 남을 만큼의, 흙 같은 어떤 것을 찾아내어, 그것으로 우리가 가는 삶의 길을 채운다면 어떨까. 부디 그렇게 되어 스마트폰으로 인해 다치지 않고, 그 편리함을 기반으로 더 안전하면서도 든든한 새로운 삶의 길을 만들어 나갈 수 있었으면 좋겠다.

2장.
뇌를 잠식하는 스마트폰 자극

스마트폰이라는 디지털 기기를 사용하면서 오히려 우리의 뇌는 기억력, 인지력, 사고력이 퇴화되어 썩어가고 있다.
'뇌썩음'은 디지털 시대의 경고등이다.

01 디지털 중독의 현주소

통제가 안 되는 무서운 아이들

중국 남동부 한 고등학교에서 학생이 교사를 폭행한 사건이 있었다. 학생이 수업 중 휴대전화를 사용하자, 교사가 휴대전화를 압수했고 화가 난 학생이 교사의 목을 조르며 공격했다. 서울의 한 고등학교에서 유사한 사건이 발생했다. 교사가 학생에게 수업 중 휴대전화 게임을 하는 걸 제지하자, 학생이 교탁을 주먹으로 내리치고 휴대전화를 든 채 교사의 얼굴을 가격했다. 이 영상이 확산되면서 누리꾼들이 충격에 빠졌다. 교사 10명 중 6명 이상은 이렇게 수업 중 학생들의 휴대전화 사용을 지도하다 학생들과 갈등을 겪은 적이 있다고 한다. 이것이 우리 교육 현장의 현실이다.

디지털 중독은 디지털 기기(스마트폰, 인터넷, SNS 등)를 과도하게 사용하며 중독되는 증상으로, 디지털 기기를 장시간 사용하지 못할 때 고도의 불안 증세를 나타낸다. 디지털 중독이 된 사람들은 자율적 통제가 불가능하고 과도한 집착이나 충동적인 행동을 보이며 일상생활 및 대인관계, 사회 직업적 기능에 문제가 생긴다. 또한 디지털 중독에 빠지면 시간 감각, 현실 감각이 없어진다. 낮과 밤의 구분이 모호해지며, 사용 시간을 조절하는 능력이 떨어지고 그만해야겠다는 생각은 있으나 매번 다시 하게 된다. 그로 인해 우울증, 사회적 고립, 충동조절 장애, 불안장애 등도 발생할 수 있다.

도파민, 중독성 있는 매력

최근 유튜브 쇼츠, SNS에서 빈번하게 등장하는 단어가 있다. 바로 '도파민'이다. 도파민 터진다, 도파민 폭발, 도파민 파티 등 도파민이라는 단어가 왜 이렇게 유행하게 된 걸까? 서울대 트렌드분석센터에서는 2024년 올해의 키워드 중 하나로 '도파밍'을 꼽았다. 도파밍은 신경전달물질 도파민과 아이템을 수집한다는 게임 용어 '파밍'이 결합된 신조어다. 도파민이 분비될 만큼 재미있고 흥미로운 것을 쫓는 현상을 말한다. 옛날에는 온 가족이 저녁을 먹으면서 TV 코미디 프로그램을 통해 재미를 쫓았다면 지금은 개개인이 틱톡이나 릴스, 쇼츠를 보면서 재미를 쫓는다. 도파밍을 추구하는 사람들은 잠시도 스마트폰을 손에서 놓지 않는다. SNS에서 받은 '좋아요'와 댓글 알림은 즉각적인 사회적 인정으로 해석되고 특히 예측 못 했던 긍정적인 반응은 강력한 도파민 분비를 유발한다. 페이스북, 인스타그램, 틱톡에서 사용되는 무한 스크롤 기능은 끊임없이 새로운 콘텐츠를 제공하며 지속적으로 도파민을 분비하게 만든다.

행복호르몬 도파민의 이중인격

도파민은 뇌의 신경전달물질로 우리가 어떤 행동을 할 때 보상을 기대하거나 쾌감을 느낄 때 분비된다. 흔히 '행복호르몬'으로 알려져 있는데 우리가 맛있는 음식을 먹을 때, 운동을 하고 나서 성취감을 느낄 때 분비된다. 무언가를 하고 싶다는 욕구를 생기게 하고 집중력, 학습 능력에도 영향을 주며 근육운동을 조절하는 데도 중요한 역할을 한다. 하지만 도파민의 진짜 역할은 보상 시스템을 작동시키는 역할이다. 스마트폰은 이러한 보상 시스템을 인위적으로 자극하여 과도한 도파민을 분비하게 만든다. 우리 뇌의 측좌핵과 복측 피개에 걸쳐 있는 보상 회로에서는 쾌락과 보상을 조절하는 '도파민'이 분비되는데, 스마트폰 자극은 도박·마약과 같은 다른 중독 행위처럼 도파민 용량을 치솟게 한다. 항상성을 유지하려는 뇌는 비슷한 자극이 반복되면 도파민을 적게 생산하거나, 도파민에 반응하는 수용체 수를 줄인다. 결국 뇌가 동일한 쾌감을 얻기 위해 더 많은 자극을 필요로 하는 형태로 바뀌는 것이다. 이런 변화로 스마트폰 중독이 발생한다.

실제로 캘리포니아 대학교에서 연구한 바에 따르면 핸드폰 알림이 울릴 때 뇌의 '복측 피개 영역'에서 도파민 분비가 급격히 증가하는 것이 관찰됐다. 이 영역은 마약 중독자들이 약물을 사용할 때 활성화되는 부위와 동일한 영역이었다.

도파민이 과도하게 분비되면 조현병, 망상, 환각 등의 증상이 나타날 수 있다. 도파민이 부족하면 우울증, 무기력증, 파킨슨병 등의 질환이 발생할 수 있다. 스마트폰 과의존으로 인한 도파민 불균형이 신체의 질환으로 이어지는 경우다. 스마트폰에 과의존하는 20대, 30대에서 손 떨림이나 운동 지연 등 파킨슨 유사 증상이 나타났다. 도파민 보상 회로의 과부하로 인한 일시적 운동 장애, 인지 장애였다. 증상이 유사해서 같은 질환으로 볼 수 있지만 파킨슨병은 중뇌 흑질의 도파민 신경세포가 진행성으로 소실되는 신경 퇴행성 질환이고 파킨슨 유사 증상은 일시적이고 증상을 일으키는 원인 제거 후 호전된다는 차이점이 있다. 두 상태는 증상은 유사하나 원인과 경과, 치료 방안도 다르다.

02 뇌 기능과 구조의 변화

디지털 치매, 뇌 머릿속의 지우개

　디지털 기기의 과도한 사용으로 인해 젊은 세대에서도 기억력과 주의력 저하 현상이 뚜렷하게 나타나고 있다. 이를 가리켜 '디지털치매' 혹은 '영츠하이머'라고 한다. 이는 의학적 진단명이 아닌, 비공식적 표현이다. 해야 할 과제가 있어서 자료를 찾아보려고 인터넷 창을 열었다가 내가 왜 인터넷 창을 열었는지 잊어버릴 때가 있다. 갑자기 지인에게서 온 대화 메시지나 쇼핑 광고를 보면서 정작 해야 할 것은 못 하게 되고 인터넷 창을 닫게 되는 씁쓸한 경험이 한두 번은 있을 것이다. 핸드폰 번호를 외우지 못하고 계산기에 의존해서 계산을 하며, 내비게이션이 없으면 운전을 못 하는 경우, 전날 먹었던 음식 메뉴가 생각나지 않는다거나 사람 얼굴은 생각나는데 이름은 생각나지 않는 경우, 이러한 경우 등이 디지털 치매의 증상으로 볼 수 있다.

스마트폰이라는 기계에 기억의 대부분을 의존하게 되면서 단기 기억을 장기 기억으로 전환시키는 해마의 부피는 줄어들고, 빠른 판단과 문제 해결을 하는 전두엽의 기능도 저하된다. 뇌의 역량은 쓰는 부분만 강해지고 안 쓰는 부분은 약해진다. 디지털 매체의 과도한 사용이 뇌의 역량을 감퇴시키고 치매와 유사한 인지적 저하를 일으키고 있다.

내 머릿속에서 팝콘이 터진다고?

2005년 상영된 「웰컴 투 동막골」이라는 영화의 한 장면을 본 적이 있다. 전쟁을 소재로 다룬 영화에서 팝콘이 꽃비처럼 내리는 장면은 너무나 동화적이라 인상적이었다. 그 팝콘을 직접 먹어보고 싶어 프라이팬에 옥수수알을 튀겼다. 200도 이상 발화점을 통과해야만 톡톡 터지는 팝콘이 정말 신기했다. 그런데 이런 팝콘이 우리 뇌에서 터지고 있다.

2011년 6월 CNN을 통해 처음 소개된 '팝콘 브레인'은 미국 워싱턴대 데이비드 레비 교수가 만들어 낸 용어로 팝콘처럼 크고 강렬한 자극에만 반응하는 뇌를 가리키는 말이다. 인터넷과 스마트폰을 지나치게 사용하거나 여러 기기로 멀티태스킹을 반복할 때 심해지는 경향이 있다. 새로운 소식이 뜨지 않았나 알림을 확인하는 강박이 생겨 다른 일에 집중하지 못하게 하고 SNS 알림이나 게임 보상 등 즉각적인 보상이 도파민 호르몬을 과도하게 분비시킨다. 뇌의 어느 부위가 활동하고 있는지 보여주는 검사 FMRI(기능적 자기공명영상)를 찍어보니 충동 조절을 담당하는 전두피질과 도파민 분비에 관련된 보상 회로가 활성화되어 있고 생각 중추를 담당하는 회백질의 크기가 줄어있었다. 이 회백질은 뇌에서 생각하고 계획하고 집중하고 감정을 조절하는 일을 한다. 스마트폰을 과사용하면 생각하고 계획하고 집중하는 전전두엽과 감정을 다루는 뇌 영역이 점점 약해질 수 있다는 뜻이다.

식당에 가면 영유아 자녀를 둔 엄마, 아빠가 아이들에게 밥을 먹일 때 태블릿이나 스마트폰을 보여주는 풍경을 자주 볼 수 있다. 집 안에서도 아이가 보채거나 울면 TV나 스마트기기를 보여준다. 이렇게 되면 아이의 뇌가 점점 즉각적이고 큰 자극에만 반응하게 되면서 다른 것에는 흥미를 느끼지 못하게 된다. 그러므로 만 2세 이하의 영유아에게 미디어 노출은 절대적으로 제한해 줘야 한다. 아기들에게 '팝콘 브레인'은 다양한 증상으로 나타난다. 책을 읽어주거나 장난감 가지고 노는 것에 금방 흥미를 잃고 싫증을 낸다거나 얻고 싶은 걸 얻지 못했을 때 짜증을 내거나 화를 낸다. 또 친구들이나 부모와의 상호작용, 눈 맞춤이나 표정 읽기, 감정 공유에 어려움을 겪게 된다.

최근 일본의 도호쿠대 연구팀이 아동 7천여 명을 대상으로 한 연구에서 만 1세 아이가 하루 4시간 이상 영상을 봤을 때 사회성과 소근육 능력이 떨어지는 것으로 나타났다. 아기들이 영상을 보는 동안 뇌가 발달하지 못하기 때문인데 많은 시간 영상에 노출될수록 언어나 사회적으로 발달이 저하되고 집중력 저하, 수면 장애를 겪게 된다. 팝콘 브레인 증상은 영유아뿐만 아니라 청소년, 성인에게도 해당된다. 쇼츠와 같은 짧은 영상에 익숙해지면 긴 동영상에 집중할 수 없게 되고 짧은 영상만 찾게 된다. 느리고 약한 자극에는 반응하지 않는다. 따라서 책이나 공부는 긴 시간 집중을 요구하므로 집중하기 힘들어진다. 한국 청소년 94%가 1분이 안 되는 쇼츠를 보는 것으로 나타났다. 짧고 자극적인 영상에 익숙해진 10대는 집중력이 떨어져서 학습과 일상생활에도 불편을 겪고 있다. 앞서 언급한 디지털 치매, 팝콘 브레인 현상을 넘어 최근에는 '뇌썩음'이라는 말까지 회자되고 있다.

디지털 시대의 경고등, 뇌썩음

'뇌썩음(Brain Rot)'은 과도한 SNS 사용과 짧은 영상 콘텐츠 소비로 인한 정신적, 지적 능력의 저하를 의미하는 표현으로, 2024년 옥스퍼드 사전이 올해의 단어로 선정했다. 디지털 시대의 정신적 피로를 경고하는 의미를 담은 것이다.

현재 '뇌썩음'은 온라인에서 의미 없는 콘텐츠를 과도하게 소비하는 행동을 지칭하며, 특히 젊은 세대 사이에서 유머러스하거나 자기비하적인 표현으로 사용된다. 이 용어는 단순한 농담을 넘어, 디지털 콘텐츠 소비가 정신 건강에 미치는 부정적 영향을 경고하는 메시지를 담고 있다.

놀라운 사실은, 이 표현의 기원이 약 170년 전인 1854년 헨리 데이비드 소로의 저서 『월든』에 있다는 것이다. 소로는 "영국이 썩은 감자를 치료하려고 애쓰는 동안, 그보다 훨씬 널리 퍼지고 있는 뇌썩음을 치료하려는 시도는 왜 하지 않는가"라고 물으며, 지적·정신적 침체를 비판했다. 그 당시 영국 시민들이 복잡한 사고를 거부하고 단순한 사고로 대체하는 등 정신적으로 퇴보하고 있는 데 대한 경고의 의미였다. 현대인들도 달라진 게 없다. 스마트폰으로 인해 기억하고 사고하고 판단하지 못하고 오히려 인지력, 사고력이 퇴보하고 있다. 뇌가 퇴화되어 가고 있다.

03 스마트폰 과사용에서 오는 몸의 경고

거북목 증후군

스마트폰을 장시간 사용하는 사람들은 목이 앞으로 빠지며 자연스럽게 거북목 현상이 발생한다. 스마트폰을 볼 때 고개를 약 60도 정도 숙이면 경추에 가해지는 하중이 약 27킬로그램, 성인 머리의 약 5배 무게에 해당한다고 한다. 이뿐만 아니라 어깨가 안쪽으로 말리고 어깨뼈 주변 근육 통증이 발생한다. 특히 청소년기에는 성장판 주변 조직에 비대칭적인 압력이 가해져 체형에 불균형이 올 수 있어 생활 습관 점검이 필요하다.

일본에서 25세 남성이 과도한 스마트폰 사용으로 인해 '머리 떨어짐 증후군'이라는 희귀 질환을 진단받은 사례가 의학계에 충격을 주고 있다. 환자는 하루 대부분의 시간을 스마트폰을 보며 머리를 숙인 상태로 보냈다. 그 결과 목 뒤가 비정상적으로 돌출

되었고 경추 탈구, 두통, 음식 삼키기 어려움, 체중 감소 등의 증상이 나타났다. 이 남성은 학교 괴롭힘을 당한 후, 히키코모리로 방 안에서 스마트폰만 보면서 수년간 지내다 보니 척추 구조가 무너지게 된 것이다.

수술 후 6개월이 지나자 머리를 들어 올릴 수 있을 정도로 회복되었으며 1년이 지나자 안정적으로 회복이 유지되었다. '머리 떨어짐 증후군'은 파킨슨병, 근이영양증, 다발근염 등과 같이 신경근계 질환의 2차 증상으로 알려져 있다. 그러나 이번 사례는 그 원인이 스마트폰 과사용이라는 점에서 경종을 울리고 있다. 이 외에도 목, 허리디스크, 손목터널증후군 등 많은 신체 질환이 있지만 스마트폰 과사용으로 생기는 뇌와 호르몬 불균형으로 인한 질병에 대해서 더 비중을 두고 알아보겠다.

주의력 손상 ADHD 유사 증상

아이들의 뇌 발달 시기에 스마트폰의 자극에 자주 노출되면 바로 뇌의 불균형적인 발달로 이어져 심각해지면 인터넷, 게임 중독은 물론 ADHD, 틱장애를 유발할 수 있다. 스마트폰 중독이 된 아이들은 정상적인 아이들보다 전두엽 활동이 떨어진다. 이 현상은 ADHD 아이들에게 흔히 나타나고 있다. ADHD 아이의 뇌 모습과 스마트폰 중독 아이의 뇌 모습은 매우 유사하다.

ADHD와 스마트폰 과사용으로 인한 ADHD 유사 증상은 어떻게 다를까? 최근 많은 학부모와 교사들이 "우리 아이가 ADHD일까요?"라는 질문을 한다. 실상을 들여다보면, 진짜 ADHD가 아닌 스마트폰 과사용으로 인한 주의력 저하와 과잉 반응으로 나타나는 경우도 적지 않다. 두 증상은 유사해 보이지만, 본질적으로는 다르다.

ADHD는 신경발달장애로, 뇌의 도파민 시스템에 선천적인 이상이 있고, 주의력과 충동 조절에 관여하는 전두엽과 소뇌 기능이 미성숙한 상태로 나타난다. 반면, 스마트폰 유사 ADHD는 지속적이고 과도한 디지털 자극으로 인해 뇌의 전두엽이 반복적으로 억제되고, 도파민 분비가 인위적으로 과잉 자극되면서 일시적인 기능 저하를 보이는 상태다. ADHD 아동은 스마트폰 없이도 산만하고 충동적이다. 하지만 스마트폰 유사 ADHD는 오히려 스마트폰 사용 중엔 집중하는 것처럼 보이고, 스마트폰이 없는 환경에서 산만함, 짜증, 불안, 무기력 등이 두드러진다. 이 차이를 파악하는 것이 매우 중요하다.

ADHD가 있는 아이들의 뇌는 일반 아이들보다 뇌 전체의 핵심 기능을 담당하는 전두엽 부위 발달에서 차이가 있다. 일반 아이들에 비해 전두엽 부위 뇌 부피가 작거나 활성이 떨어진다. 이마 쪽에 있는 전전두엽, 변연계의 대상회, 움직임과 균형을 조절하는 소뇌 기능이 문제를 일으킨다. 무엇보다 소뇌는 뇌 전체 부피의 약 10%지만 전체 신경세포의 약 50%가 소뇌에 있을 정도로 복잡한 구조이고 전두엽과 매우 긴밀한 협력을 하는 영역이다.

2017년 건강보험심사평가원의 조사 결과 19세 이하의 ADHD 아이들 4만 8,335명이 디지털 기기를 손에 달고 살면서 현실과 인지 능력이 부족한 것으로 나타났다. 핸드폰과 컴퓨터 게임을 하면서 잔인한 장면을 반복해서 보다 보면, 그것을 가상 세계로 인식하고 점점 무뎌진다. 실제로 그런 현상이 벌어졌을 때, 현실을 제대로 인식하지 못할 위험이 커진다. ADHD 아동들은 충동을 조절하는 뇌 기능에 문제가 생겨서 조절이 잘 되지 않으므로 본인이 관심 있는 분야는 집중해서 공부하지만 관심 없는 분야는 집중하기 힘들어한다. 아이들뿐만 아니라 성인도 마찬가지다. 과거엔 ADHD가 아동에게만 발생하는 병인 줄 알았다. 주의력결핍과 과잉행동이 초등학교에 들어갈 무렵 두드러지다 사춘기를 넘어가며 괜찮아지기 때문이다. 그러나 최근 기능성 MRI로 촬영한 뇌 영상 연구 결과 어린 시절 지연된 뇌 발달은 사춘기를 지나면서도 계속 진행되지만 눈에 보이는 과잉행동은 감소한다는 사실을 알았다.

성인이 되면 과잉행동은 줄어들지만 집중하지 못하는 주의력결핍 장애가 심각하다. 직장에서 시간 안에 제출해야 하는 임무 수행 능력이 떨어지거나 주변 사람들의 말을 끊고 자기 할 말만 먼저 한다든지 집에 물건을 정리하지 못해서 발 디딜 틈이 없다면 성인 ADHD를 의심해 봐야 한다. ADHD와 스마트기기 중독, 우울증은 복합적으로 있거나 비슷한 증상들이 있기 때문에 본인이 무엇에 해당하는지 잘 따져봐야 한다.

스마트폰의 편리함으로 잃은 시력

아기의 눈을 바라보다 보면 한쪽 눈이 바깥쪽이나 안쪽으로 치우쳐 있는 것처럼 보일 때가 있다. 이런 경우 부모들은 '우리 아이가 사시일까?' 걱정하게 된다. 사시는 성장 과정에서 일시적으로 나타날 수도 있지만 조기에 발견하고 적절한 치료를 받는 것이 중요하다. 사시는 두 눈이 정렬되지 않고 각기 다른 방향을 바라보는 상태를 말한다. 병원에서 사시로 진단을 받으면 프리즘 안경을 쓰게 되는데 통상적으로 2~3년 쓰면서 관리를 하다 보면 서서히 정시로 돌아온다. 하지만 스마트폰 과사용으로 인한 사시는 좀 경우가 다르다. 2018년 충북대 의대 안과의사 세 분이 쓴 논문에 따르면 스마트폰을 과다 사용한 급성후천일치내사시 환자는 프리즘 안경 착용 후에도 내사시가 지속되었으며, 내사시 수

술 결과가 불량하다는 결론을 얻었다. 내사시는 스마트폰 과사용으로 후천적으로 생길 수 있고 발병 후 치료를 받는데도 경과가 좋지 않아 걸리지 않도록 예방하는 게 더 중요하다.

스마트폰의 보급으로 사람들의 시력이 나빠지고 근시화가 매우 빠르게 진행되고 있다. 2023년 대한안과학회에 따르면 국내 초등학생 65% 이상이 근시이고 10세 이하 아동의 고도근시 비율이 10년 사이 두 배 이상 증가했다고 한다. 근시는 가까운 곳에서는 물체가 잘 보이나 먼 거리에 있는 물체는 빛이 망막 앞에서 맺히게 되어 흐릿하게 보이는 현상이다. 스마트폰 사용으로 근시화되는 이유는 가까운 거리에서 사물을 계속 보면 눈이 근거리에 적응하기 때문이다. 가까운 곳을 계속 보면 눈은, 점차적으로 가까운 곳을 보는데 적합한 눈이 되는 것이 더 편하다고 판단하게 된다. 가까운 곳에 초점이 맞춰진 상태가 지속되면 초점을 맞추는 근육이 경직되어 먼 곳을 보려고 해도 잘 보이지 않는 증상이 발생한다.

고도근시의 경우, 단순히 시력 문제를 넘어서 안구의 구조적 변화까지 동반된다. 고도근시가 발생하면 안구가 길어지며, 앞뒤로 늘어나게 되는데, 이로 인해 안구 내면을 덮고 있는 망막이 얇아진다. 망막이 얇아지면 망막 박리와 같은 심각한 질환을 일으킬 위험이 커지며, 시신경에도 영향을 미쳐 시력 저하가 가속화된다.

또한 고도근시가 있는 사람들은 망막 변성이나 녹내장 등의 질환에 더 취약하므로 정기적인 검진이 필수적이다.

스마트폰으로부터 눈을 보호할 수 있는 가장 좋은 방법은 스마트폰을 아예 사용하지 않는 것이지만 이건 현실적으로 불가능하다. 따라서 스마트폰을 적절하게 사용하는 것이 중요하다. 스마트폰을 10분 이상 사용한 뒤에는 1분 동안 눈을 감거나 먼 곳을 보면서 휴식을 취하는 것이 좋다. 화면을 볼 때는 눈과 스마트폰 거리를 40~50cm 정도 유지하도록 한다. 화면 밝기도 주변 밝기와 비슷하게 조정하는 것이 좋다.

어두운 방에서 화면을 보는 것도 금지해야 한다. 눈은 어두운 곳에서 사물을 볼 때 더 많은 빛을 받아들이기 위해 동공이 커진다. 동공이 커진 상태에서 블루라이트에 노출되면 밝은 곳에 있을 때보다 더 큰 영향을 받아 눈이 혹사당하게 된다. 따라서 잠자리에 들 때는 스마트폰 화면을 보지 않는 것이 현명하다.

눈 건강을 유지하기 위해서 비타민 C, 비타민 A, 루테인 등이 풍부한 음식을 꾸준히 섭취하는 것이 좋다. 이러한 영양소는 눈의 건강을 지켜주고, 눈의 피로를 줄이며, 망막과 시신경을 보호하는 데 도움을 준다. 또한, 야외에서 태양광을 쬐는 것도 근시 예방에 도움이 된다. 햇빛 속에 존재하는 가시광선이 근시 진행을 억제해 주기 때문이다.

블루라이트가 가져오는 파장, 성조숙증

스마트폰이나 태블릿을 많이 사용할 경우 호르몬을 교란시켜 사춘기가 너무 일찍 찾아오는 성조숙증에 노출될 위험이 많다는 연구 결과가 나왔다. 터키 가지 대학 과학자들은 암컷 쥐를 3개의 그룹으로 나누고 정상적인 빛, 6시간의 블루라이트, 그리고 12시간의 블루라이트에 노출시켰다. 실험 결과 블루라이트에 노출된 두 그룹 모두 사춘기의 첫 징후가 일찍 나타났으며, 노출 기간이 길수록 사춘기의 시작 시기도 현저히 빨라졌다. '성조숙증'이 나타난 것이다. 블루라이트에 노출된 쥐는 멜라토닌 수치가 낮고 대신 특정 생식 호르몬이 더 높았다. 과학자들은 스마트폰에서 나오는 블루라이트가 멜라토닌 호르몬 분비를 억제해 수면의 질을 떨어뜨리고 사춘기를 더 빨리 오게 당기는 역할을 할 수 있다고 주장했다.

성조숙증이 생기는 주요 요인으로 소아비만, 환경호르몬, 스트레스, 스마트폰 사용 증가가 꼽혔다. 특히 코로나19 이후 성조숙증 발생률이 전 세계적으로 높았다는 것은 스마트폰을 포함한 디지털 기기 사용 증가로 인해 성조숙증이 올 수 있다는 사실을 반

증해 준다. 성조숙증으로 인해 사춘기가 빨리 오게 되면 성장판이 일찍 닫혀 키가 안 자랄 뿐 아니라 급격한 신체 변화와 성호르몬 불균형으로 인해 정서적으로 불안정하고 심리적 스트레스가 증가하는 문제도 발생할 수 있다.

스마트폰 과사용으로 인해 오는 성조숙증을 예방하기 위해서는 스마트폰 사용 시간을 줄이고 스마트폰 대신 가족이 함께할 수 있는 활동 시간을 늘리는 게 중요하다. 매일 30분 이상 줄넘기나 걷기, 계단 오르기 같은 신체 활동을 규칙적으로 하고 가족이 함께 산책을 하거나 자전거를 타는 것도 좋은 방법이다. 스마트폰을 포함한 디지털 기기 사용을 줄이기 위해서는 부모와 아이가 함께 생활 습관을 개선해야 한다. 충분한 대화를 통해 디지털 기기 사용 시간을 줄이고 신체 활동에 흥미를 들여야 한다.

04 도파민을 지혜롭게 선택한 사람들

도파민 디톡스

스마트폰과 함께 성장한 Z세대 중 일부는 자신의 필요에 따라 도파민과 반도파민을 선택한다. Z세대 트렌드 미디어 '캐릿'은 이러한 사람들을 '도파민 피커'라고 정의했다. 이들은 회사에 출근하거나 공부를 해야 하는 평일에는 웹툰이나 유튜브, 릴스 등 가벼운 콘텐츠로 도파민을 분비하며 스트레스를 해소한다. 시간적인 여유가 있는 주말에는 카페나 LP바, 숲, 박물관, 서점과 같은 아날로그적인 공간을 찾아 힐링을 한다.

이들은 의도적으로 스마트폰을 멀리하며 즉각적인 보상과 쾌락을 멀리하는 도파민 디톡스를 실천한다. 도파민 디톡스를 실천하는 동호회도 생기고 입장할 때 스마트폰을 금고에 넣어야 들어갈 수 있는 북카페, 도파민 디톡스를 직접 실천하는 브이로그도 인기다. 단순히 스마트폰을 멀리할 뿐만 아니라, 빠르고 강한 자극에 익숙한 뇌를 회복시켜 주는 데에 의의가 있다. 따라서 독서나 산책, 글쓰기, 운동 등 느리고 약한 자극이지만 성취했을 때 도파민이 나오는 활동을 해야 한다.

도파민 균형 맞추기

지난 3월 27일 국회 전자청원에 ADHD 자녀를 둔 부모의 글이 올라왔다. ADHD 치료제인 '콘서타', '메디키넷' 등 주요 약품 품귀 현상이 아이들의 학교생활에 지장을 준다며 약품 품절 사태에 대한 대책 마련을 청원하는 글이었다. 약품 원료 수급과 관련된 생산량 부족, 또 ADHD 환자 수 급증에 따른 품귀 현상이었다. 콘서타가 청소년들 사이에서 일명 '공부 잘하게 해주는 약'으로 소문이 나고 최근 성인들에게도 집중을 높이는 약으로 인식되어 수요량이 증가한 것도 원인이었다. 과거에 비해 왜 현재 ADHD 치료제 수요량이 급증했을까? 가장 큰 요인 중 하나로 스마트폰 사용이 아닐까 생각한다. 스마트폰을 과사용할 수밖에 없게 만드는 후천적 환경으로 우리와 우리 자녀들은 ADHD뿐만 아니라 도파민 불균형으로 인한 각종 질병에 노출되어 있다. 행복한 삶을 살기 위해서 도파민이라는 호르몬은 반드시 필요하다. 너무 많이 나오거나 너무 적게 나와도 안 된다. 균형이 중요하다.

순간적이고 자극적인 스마트폰에서 잠시라도 벗어나자. 들숨, 날숨 긴 호흡으로도 충분히 즐거울 수 있는 활동을 찾자.

독(毒)을 독(讀)으로 풀다

나는 토요일 오전 10시 도서관에서 초등학교 고학년 아이들과 책을 읽고 토론을 한다. 그날 함께 읽은 책은 『책이 스마트폰보다 좋을 수밖에 없는 12가지 이유』였다.

본격적으로 책을 읽기 전 마음 열기로 스마트폰 과사용에 관하여 어떤 생각을 하고 있는지 이야기를 나누었다. 눈이 나빠진다, 부모님께 잔소리를 듣는다, 부모님과 갈등을 일으키는 요인이 된다, 거북목이 된다, 숙제를 못 하게 된다, 친구랑 노는 시간이 부족해진다, 부모님께 거짓말을 하게 된다, 수면 시간이 부족해진다, 시간이 빨리 지나간다 등의 의견이 나왔다. 이를 살펴보면, 핸드폰 과사용은 긍정적인 점보다는 부정적인 인식이 매우 높았다.

책을 읽고 난 후 토의 안건은 '스마트폰에 과의존하는 생활을 독서로 해결할 방법에 관하여'로 정했다. 모둠에서 나온 의견을 모아보면, 관심 있는 분야의 재미있는 책을 추천한다, 스마트폰의 위험성을 알려 주고 미래가 희망적이지 않다는 것을 알려준다,

스마트폰을 10분 사용하면 책 읽기는 1시간 한다, 스마트폰처럼 생긴 책을 선물한다, 책 읽는 앱을 설치하여 책에 대한 흥미를 이끈다, 책 읽기 싫어하는 아이는 만화책이나 웹툰으로 시작하게 한다, 하루 읽을 수 있는 분량을 정해준 후 성취하면 보상거리를 제공한다 등 활발하게 의견을 주고받았다.

그다음으로 스마트폰 과사용에 관한 해결 방법을 찾아보았다. 공부할 때는 스마트폰을 다른 곳에 둔다, 가족 링크를 사용한다, 스마트폰을 적절하게 사용한 약속에 따라 강화물을 제공한다 등의 방법이 거론되었다.

마지막으로 핸드폰 대신 손에 쥐고 읽고 싶은 책이나 추천하고 싶은 책으로는 『오백 년째 열다섯』, 『수상한 시리즈』, 『비가 오면 열리는 상점』, 『마석관』, 『윔피 키드』, 『나무집 시리즈』, 『신기한 맛 도깨비 식당』, 『놓지마 정신줄』, 『별주부전』, 『콩쥐팥쥐』, 『홍길동전』 등 그림책에서 고전까지 추천 도서가 마구마구 쏟아졌다. 아이들도 핸드폰보다는 책을 읽는 데 시간을 보내는 것이 유익하다는 것을 이미 잘 알고 있었다. 이제 집에서 아이들과 함께 책 읽는 시간을 만들자. 책이 스마트폰보다 좋은 이유를 알고 나면 책의 매력에 푹 빠져 심심할 틈이 없을 것이다. 삶의 보물을 책에서 찾아볼 수 있도록 환경을 만들어주는 것으로 스마트폰을 과하게 사용하고 있는 아이들에게 재미있는 책 마당을 만들어 줄 차례이다.

3장.
디지털 과사용에서 오는 심리 변화

'자기 삶의 주인 되기'의 일환으로 [내 뇌 찾기 독립운동]이 필요하다. 스마트폰을 통제하려 하지 말고, 스스로 삶을 통제할 수 있도록 돕는 것이 진정한 해답이다.

01 감정이 사라진 아이들

마음의 말문이 막히다

"애가 왜 웃는지 모르겠어요."
 요즘 아이들은 친구의 표정을 잘 읽지 못하고, 상황에 어울리지 않는 반응을 보이는 경우가 많다. 타인의 감정을 눈치채고 공감하는 능력, 즉 정서지능(EQ)은 사회적 관계의 핵심이다. 하지만 디지털 환경에서 성장한 세대는 이러한 공감 능력이 점차 약화되고 있다.

 공감은 단지 따뜻한 마음에서 비롯되는 것이 아니라, 뇌의 발달 및 기능과 밀접한 관련이 있는 신경인지적 능력이다. 공감을 위해서는 먼저 타인의 표정, 억양, 몸짓 등의 신호를 알아차리고, 이를 자신의 감정 체계 안에 대입해 유사한 감정을 '느껴보는' 과정이 필요하다. 이때 활성화되는 것이 바로 거울 뉴런 시스템

(Mirror neuron system)이다. 이 시스템은 타인의 행동과 감정을 마치 자기 일처럼 모방할 수 있도록 도와주는 뇌 회로로, 직접적인 상호작용과 감정 교류를 통해 발달한다.

그러나 스마트폰 화면 속 영상과 메시지 중심의 소통은 이러한 뇌 훈련의 기회를 빼앗는다. 특히 어릴 적부터 스마트기기에 익숙한 아동은 사람의 미묘한 감정 표현을 해석하는 데 어려움을 겪고, 다른 사람의 감정에 반응하는 속도도 느리다. 표정 없는 얼굴, 무미건조하게 욕설을 내뱉는 청소년, 친구가 울어도 무관심한 태도 등은 단순한 예의 문제가 아니라, 정서적 둔감성이 뇌 구조에 고착화된 결과일 수 있다.

우리는 기분이 좋을 때 웃고, 속상할 때 울며, 불편함을 말로 표현한다. 하지만 자신의 감정을 언어로 표현하지 못하고 행동으로 표출하는 경우가 많다. 화가 나도 "화났어"라고 말하지 못하고 교실의 물건을 던지거나, 친구와 갈등이 있어도 말로 풀지 못한 채 피하거나 울기만 하는 것이다. 억눌린 감정은 결국 갑작스러운 분노 폭발로 나타나기도 한다.

초등학교 4학년 수현이는 수업 중 자주 자리에서 일어나고, 친구의 말에 과하게 반응한다. 교사는 이를 산만함이나 반항으로 여겼지만, 상담 결과 수현이는 "저도 참다 참다 그런 거예요. 뭐라 말해야 할지도 모르겠고, 그냥 열받아요"라고 했다. 수현이는 감정을 언어로 표현하지 못해 충동적인 행동으로 자신의 불편함을 드러내고 있다.

이처럼 감정을 인식하고 표현하는 능력이 결핍된 심리적 상태를 '감정 표현 불능증(Alexithymia)'이라 한다. '감정을 표현할 수 없음'이라는 뜻의 그리스어에서 유래한 용어로, 2017년 김병수 정신과 의사는 저서 『감정의 온도』에서 이를 '감정 난독증'이라는 표현으로 소개했다.

감정 난독증을 이야기하기 전에 먼저 난독증에 대해 알아보자. 난독증은 지능이나 시력과 관계없이 글을 잘 읽거나 해석하지 못하는 학습장애의 일종이다. 이는 보통 언어영역의 뇌 기능적 문제 혹은 신경전달물질 이상으로 설명된다. 신경학적으로는, 좌측 측두엽과 측두하엽의 연결성이 약하거나 비효율적으로 작동하는 경우가 많다. 생리적 요인으로는 도파민 불균형이 대표적이다.

스마트폰 화면을 오래 들여다보며 자극적인 영상에 몰입하면 중뇌가 강하게 반응하게 된다. 중뇌는 도파민 생성에 관여한다. 처음에는 집중력이 향상된 것처럼 보이지만, 도파민이 지속적으로 과잉 분비되면 뇌가 쉽게 피로해진다. 결과적으로, 실제로 집중이 필요한 순간에는 도파민이 고갈되어 오히려 집중력 저하 상태를 겪게 된다. 또한 도파민이 과도하게 분비되면 흥분이나 충동성과 같은 반응이 나타나기 쉽다.

이러한 뇌의 변화는 읽기 방식에도 영향을 미친다. 글자를 찬찬히 따라 읽기보다 자음과 모음을 건너뛰고 대충 훑는 식으로 인식하게 되는 것이다. 중요한 정보도 빠르게 스쳐 지나가며 깊이 이해하지 못하게 된다. 문제는 이와 같은 습관이 단순히 읽기 능력에만 영향을 미치는 것이 아니라, 감정 인식과 표현 능력에도 영향을 준다는 점이다. 감정 난독증을 겪는 아이는 자기감정을 건너뛰거나 무시하고, 타인의 감정도 잘 읽지 못한다. 감정을 느끼고 말로 표현하는 데 서툴며, 상황에 맞는 정서적 반응을 보이기 어렵다.

결국, 자극적인 디지털 콘텐츠에 지속적으로 노출된 뇌는 느리고 깊은 사고를 방해하고, 자기감정은 물론 타인의 감정까지 읽는 능력을 떨어뜨리게 된다.

감정을 인식하고 표현하는 능력은 뇌의 전측대상피질, 섬피질, 전전두엽의 통합 작용에 의해 조절된다. 특히 전측대상피질은 감정과 사고의 연결을 담당하고, 섬피질은 내면 상태를 인식하는 핵심 역할을 한다. 이들 뇌 영역의 기능이 저하되면 언어적 감정 표현 대신 공격성, 회피, 불안정성 같은 행동으로 감정이 드러나는 경향이 강해진다.

스마트폰에 몰입한 아이에게 말을 걸면, 맥락 없이 신경질을 내거나 화를 내는 모습을 자주 볼 수 있다. 밤늦게까지 빠져있는가 하면, 식사 시간에도 핸드폰을 내려놓지 못한 채 대충 밥을 먹고 다시 스마트폰 세계로 돌아가기도 한다. 이들은 지금 무엇을 해야 하는지, 시간이 몇 시인지, 자신이 어디에 있는지를 인식하는 기본적인 상황 판단 능력도 약화된다.

결국, 스마트폰 과의존으로 인해 전전두엽의 기능이 저하되면 충동을 조절하고, 참을성을 기르며, 사회적 규범을 따르는 '규칙 지배행동(Rule-governed behavior)'을 학습하는 데 큰 어려움을 겪는다. 이는 단순한 행동 문제가 아니라, 뇌 기능 저하에 뿌리를 둔 신경발달적 문제로 접근해야 한다.

외로움, 사회적 단절의 뇌 신호

존 카치오포(John Cacioppo)는 미국 심리학회 회장을 역임한 사회신경과학의 선구자로, 외로움(Loneliness)을 과학적으로 연구한 대표 학자다. 그는 저서 『인간은 왜 외로움을 느끼는가?』에서 "외로움은 배고픔이나 목마름처럼 인간이 사회적 유대가 결핍되었음을 알리는 신경적 신호"이며, "소속욕구가 충족되지 않았음을 알려주는 뇌의 경고등"이라고 설명한다. 인간은 본질적으로 연결되어 있고자 하는 존재이며, 외로움은 그 연결이 끊겼을 때 뇌가 보내는 생존 알람과도 같다.

그렇다면 왜 스마트폰은 외로움을 해소하기보다 오히려 부추기는가? SNS나 메신저를 통한 소통은 겉보기에 연결되어 있는 것처럼 보이지만, 이는 피상적 관계에 그치기 쉽다. 뇌는 이러한 질 낮은 연결로는 유대감을 충족하지 못하며, 외로움의 신호는 사라지지 않는다. 오히려 SNS 속 행복한 타인의 모습을 보며 상대적 박탈감이 커지고, 실제 대면 관계는 줄어들어 외로움은 더욱 심화되고 심리적 고립이 강화된다.

요즘 많은 사람들이 혼자 밥을 먹으며 스마트폰을 본다. 혼밥 자체도 외로운 일이지만, 그 와중에도 디지털 화면에 몰입한다면 더욱 깊은 정서적 고립 상태로 빠지게 된다. 이는 우울감의 시작이 될 수 있다.

1940년대, 정신분석가 르네 스피츠는 영아기 정서적 접촉의 중요성을 밝히는 충격적인 연구를 발표했다. 그는 고아원과 교도소 내 양육 환경을 비교하며, 정서적 애착이 결핍된 아이들이 겪는 발달 지연과 심리적 후유증을 관찰했다. 그는 고아원 아이들을 돌보는 간호사와 보육 교사들에게 세 가지를 하지 말라고 지시했다. 첫째, 영아와 눈 마주치기, 둘째, 욕구에 반응 보이기, 셋째, 스킨십이 그것이다. 그 결과 아이들은 애착 형성에 실패했고, 전전두엽과 편도체를 포함한 뇌 발달이 지연되었다. 또한 신체 성장은 더뎠고, 언어 및 사회성 발달에도 심각한 문제가 발생했다. 청결하고 규칙적인 환경에서 지냈음에도 불구하고, 정서적 접촉이 부족하니 무표정해지고 울지도 않으며, 성장과 면역이 급격히 저하되었다. 반면, 감옥에서 어머니와 함께 지낸 아이들은 제한된 환경 속에서도 건강하게 자랐다. 스피츠는 감정적 유대 없는 돌봄이 오히려 아동의 삶을 위협할 수 있음을 경고하며 이를 '의존성 우울(Anaclitic depression) 증후군'이라 명명하였다. 단지 돌봄의 '기능'이 아닌 '관계'가 필요하다는 이야기다. 이 연구는 오늘날 애착 이론과 아동복지의 근거가 되었고, 정서적 접촉의 부재가 뇌 발달과 정서 안정에 얼마나 치명적인지를 명확히 보여준다.

요즘 부모가 스마트폰에 몰두한 나머지, 아이에게 눈맞춤을 해주지 못하고, 타이밍 맞춘 반응을 놓치며, 스킨십을 줄이게 되는 일이 많아졌다. 이처럼 정서적 교류가 결핍되면 아이는 외로움을 느낄 수밖에 없다. 이런 상황이 계속되면 아이는 외로움에 익숙해지고, 감정 표현력, 관계 맺기 능력, 자기조절력 등에 부정적 영향을 받을 수 있다. 르네 스피츠는 말했다. "사랑받지 못하는 아이는 죽을 수도 있다. 적어도 마음은 죽는다."

02 열등감, 자기불구화, 내사

비교의 덫에 빠진 뇌

열등감은 '자신을 남보다 못하거나 무가치한 존재로 낮추어 평가하는 감정'이다. 열등감은 대개 타인과의 비교에서 시작된다. 비교는 자신의 부족한 점이나 문제점에 집중하게 만들고 점차 자신에 대한 부정적인 감정을 강화시킨다. 결국 자기 자신을 혐오하게 되는 단계에 이르고 나아가 자신에게 가혹해지고 스스로를 학대하거나 폄하하는 방식으로 이어진다. 이러한 감정의 흐름은 스스로 문제를 해결할 준비가 되어 있지 않은 상태에서 외부의 평가나 비교가 가해질 때 더욱 강하게 나타난다.

열등감은 그 성격에 따라 크게 두 가지로 나누어 볼 수 있다. 첫 번째는 지향적인 열등감이다. 이는 특정한 목표나 비교 대상이 명확할 때 나타나는 열등감으로, 예를 들어 어떤 사람이 영어를 잘하는 모습을 보고 자신도 그처럼 되고 싶다는 생각을 하게 되는 경우다. 이 유형의 열등감은 도전 의식을 자극하고 동기를 부여하며, 자기 발전의 계기가 될 수 있다. 그에 반해 두 번째 만성적인 열등감은 비교 대상이나 구체적인 목표가 명확하지 않고, 자신이 전반적으로 무가치하다는 감정에 빠지는 것이 특징이다. 이는 자존감을 약화시키고, 무기력이나 회피 행동, 때로는 중독과 같은 부정적인 방식으로 이어질 위험이 크다.

열등감의 발달을 시기별로 살펴보면 다음 표와 같다.

열등감의 발달단계

단계명	시기	특징 설명
1단계 초기 형성기	약 7세 전후, 학령기 시작	유치원 시기까지는 주로 칭찬 중심의 환경에서 자라다가, 학교에 들어가면서부터 또래와의 비교나 교사의 평가 등 외부 기준에 노출되기 시작한다. 이 시점부터 처음으로 열등감이 형성된다.
2단계 순응기	초등 고학년 ~ 중학교 시기	타인의 시선과 평가에 민감해지고, 사회적 기준이나 주변의 기대에 자신을 맞추려는 성향이 나타난다. 자아가 외부 평가에 영향을 받으며 조심스럽게 정체성을 모색한다.
3단계 동일 시기	중고등학교 시기	자신이 부족하다고 느끼는 영역을 이상화된 인물을 통해 보상하려는 심리가 나타난다. 연예인, 인플루언서, 인기 있는 또래 등을 동경하고 그들을 모방하려는 경향이 강해진다.
4단계 내재화기	성인기	어린 시절부터 해결되지 않은 열등감이 고착되어, "나는 원래 이런 사람이야" 같은 제한된 자기 개념으로 굳어진다. 이는 자아 정체성 형성에 부정적인 영향을 준다.

 어린 시절부터 성인기를 거치면서 내재화된 열등감이 오랜 시간 해결되지 않고 고착되면, 단지 감정이나 생각의 문제가 아니라 뇌의 생화학적 구조, 특히 신경전달물질의 작용에도 영향을 미친다. 예를 들어, 노르에피네프린은 스트레스 상황에서 분비되는 물질로, 열등감이 깊어질수록 이 물질의 조절 기능이 저하되어 우울감이나 회피 행동을 더 쉽게 유발하게 된다. 또, 도파민은

동기와 보상에 관여하는 주요 신경전달물질인데, 자기효능감이 낮아진 상태에서는 도파민의 분비도 왜곡되어, 외부 보상에 과도하게 의존하거나 반복적인 자극에 빠지기 쉬워진다. 마지막으로, 세로토닌은 자존감과 정서적 안정감에 관여하는데, 열등감이 지속되면 세로토닌의 기능이 약화되어 전반적인 안정감을 느끼기 어렵고, 작은 자극에도 정서가 쉽게 흔들릴 수 있다. 이처럼 열등감은 단순한 심리 상태를 넘어, 뇌의 생리적 균형을 깨뜨리며 삶 전반에 부정적인 영향을 끼친다. 그 결과, 일상 속의 문제 상황에 더 자주, 더 강하게 노출되기 쉬운 상태로 이어진다.

 우리 뇌는 아주 미세한 시각·청각 자극에도 무의식적으로 영향을 받는다. 예를 들어 야구장 광고판처럼 무심코 노출된 이미지조차 뇌에는 반복적으로 각인된다. 이를 역하 지각 효과(Subliminal effect)라고 한다. 마찬가지로 어릴 적부터 받은 비교, 눈빛, 표정 등은 축적되며 무의식에 남고, 스마트폰을 통해 접하는 SNS 콘텐츠는 이를 자극한다. 비교 심리와 상대적 박탈감이 열등감으로 이어지고 이 열등감을 덮기 위해 다시 스마트폰 속으로 도피하게 된다. 도파민 보상 시스템을 반복적으로 자극하면서 현실에서의 자기효능감은 낮아지고, 자존감은 무너진다. 결국 열등감과 중독의 악순환에 빠지게 되는 것이다.

실패의 면죄부를 만드는 심리

자기불구화란 자신의 실패를 외부 요인으로 돌림으로써 자신을 보호하려는 심리적 전략이다. 이 개념은 1978년 에드워드 존스(Edward Jones)와 스티븐 버글라스(Steven Berglas)에 의해 처음 제시되었으며, 성과 평가가 수반되는 상황에서 일부러 핑계를 마련하는 사람들의 행동을 관찰하면서 정립되었다.

자기불구화는 그 방식에 따라 크게 두 가지 유형으로 나눌 수 있다. 첫 번째는 행동적인 자기불구화로, 술이나 담배, 과도한 게임, 일부러 과로하거나 일에 몰두하는 등의 행동을 통해 스스로 실패의 원인을 미리 만들어놓는 방식이다. 이러한 행동은 자신도 모르게 능력을 발휘하지 못할 환경을 조성함으로써, 결과가 좋지 않더라도 '노력은 했지만 상황이 나빴다'는 식의 해석이 가능하도록 만든다. 두 번째는 언어적인 자기불구화이다. 시험이나 발표, 중요한 면접 등을 앞두고 "요즘 너무 바빠서 준비를 제대로 못 했어요"라거나 "컨디션이 안 좋아서 실력 발휘를 못 할 수도 있어요", "최근에 스트레스를 많이 받아서 집중이 잘 안뇌네요" 같은 말을 미리 해두는 것이다. 이런 언급은 예상되는 실패에 대한 변명을 미리 준비하는 심리적 장치다.

자기불구화 전략은 단기적으로는 자존감을 보호하는 데 도움이 될 수 있지만, 반복될 경우 자신이 실제로 성장할 수 있는 기회를 놓치게 되고, 점차 회피적인 행동 양식이나 소극적인 성격으로 굳어질 수 있다. 이는 장기적으로 자기효능감 저하와 정체성 혼란으로 이어질 위험이 크다.

자기불구화는 자기효능감이 낮고 자기조절능력에 결함이 있을 때 더 빈번하게 나타난다. 이는 전두엽, 특히 다음과 같은 영역과 밀접한 관련이 있다.

배외 측 전전두엽(DLPFC): 주의 집중, 인지 유연성, 충동 조절
복내 측 전전두엽(VMPFC): 자아 인식, 도덕 판단, 정체성 형성
안와전두피질(OFC): 감정 조절, 사회적 행동, 인성과 관련

이들 기능이 약화되면 자기조절력, 충동 조절, 감정 조절이 어려워지고, 그 결과 회피 전략이나 비합리적 자기불구화에 쉽게 빠진다. 그러므로 전두엽이 충분히 발달하지 않은 아동·청소년의 경우, 실패를 자기반성적으로 성찰하기보다 외부 탓으로 돌리는 경향이 두드러지게 나타날 수 있다.

남의 시선을 내면화한 뇌의 올가미

내사(Introjection)는 외부의 가치 기준이나 비판을 합리적 인지 과정 없이 자기 내면으로 수용하는 심리적 방어기제다. 어린 시절 부모나 교사의 반복된 평가나 비난은 아이의 내면에 각인되어, 결국 그 목소리를 자기 것으로 받아들이게 된다. 그 결과, 수치심, 죄책감, 자기비판적 성격이 형성된다. 특히 자아정체성이 아직 확립되지 않은 아동기, 또는 정체성이 형성되는 청소년기에 지속적으로 '남들과 비교되는 자기'를 경험할 경우, 내사 경향은 더욱 강화된다.

스마트폰은 내사를 유도하는 주요 매개체가 되고 있다. SNS, 유튜브, 게임 등을 통해 끊임없이 타인의 삶, 외모, 성과와 자신을 비교하게 된다. 이로 인해 외부 기준이 자연스럽게 내면화되고, 다음과 같은 자기 비난적 사고가 뿌리내린다.
"나는 충분하지 않다." "나는 저 사람처럼 되어야 한다."
이러한 반복된 비교는 자기효능감을 약화시키고, 열등감과 자기비판을 강화한다. 이처럼 오늘날의 정체성 위기는 '비교'에서 시작된다. 반복된 비교는 자존감의 손상, '나는 어차피 안된다'라는 자기 예언으로 이어져 노력을 포기하게 된다. 이 회피 전략이 반복되면 뇌는 외부 기준을 '내 목소리'로 착각하기 시작한다. 외부의 비판이 내면화되어 자기 비난의 구조로 고정되는 상태, 이 내사가 지속되면 우울감, 무기력감, 자기파괴적 사고의 심리적 기반이 된다.

03 깊어지는 우울과 회피

감정의 회피, 뇌의 단절

버스를 기다릴 때도, 가족과 함께 있을 때도, 우리는 무의식적으로 스마트폰을 꺼낸다. 처음에는 재미로 시작한 SNS가 점차 타인의 행복한 모습만을 비추며, 나 자신은 초라하고 뒤처진 것처럼 느끼게 만든다. 문제는 이 우울한 감정을 인지조차 하지 못할 정도로 무뎌진다는 점이다. 메신저 알림, 짧은 영상, 쇼핑, 웹소설 등은 불편한 감정과 마주하지 않게 해주는 '디지털 진통제' 역할을 한다. 이모티콘과 문자에 의존한 의사소통은 얼굴을 마주한 대화를 불편하게 만들고, 결과적으로 사람들은 갈등을 직면하거나 불안을 진지하게 바라보지 않게 된다. 대신 넘기고, 닫고, 끄고 살아간다.

반복된 회피는 결국 자신과의 관계마저 끊어지게 만든다. 감정의 흐름을 마주하지 못한 채 계속해서 외부 자극에 의존하게 되면,

내면의 목소리는 점점 더 작아지고, 어느 순간 자신이 무엇을 느끼는지도 알 수 없게 된다. 스마트폰 안에 머무는 시간이 길어질수록 마음과 뇌는 점차 길을 잃는다. 심각한 우울증에 빠질 수 있다.

우울감은 날씨처럼 바뀔 수 있다. 흐렸다가도 어느 순간 맑아지듯, 시간이 지나면 자연스럽게 회복될 수도 있다. 그러나 우울증은 다르다. 계절처럼 고정된 상태로, 자발적인 회복이 쉽지 않다. 봄이 가면 반드시 여름이 오듯, 우울증은 일정한 흐름을 따라 지속된다. 단순한 기분의 문제가 아닌, 반드시 치료와 개입이 필요한 의학적 질환이다.

우울증에 빠진 사람은 혼자의 힘으로 벗어나기 어렵다. 그것은 게으르거나 의지가 부족해서가 아니라, 뇌가 제 기능을 잃어 방향을 잡지 못하는 상태이기 때문이다. 이때는 누군가가 손을 내밀고, 길을 함께 걸어야 한다. 그러나 스마트폰이라는 장벽 뒤에 숨어 있는 동안, 자신의 감정이 얼마나 무너지고 있는지도, 뇌가 얼마나 지쳐가고 있는지도 스스로는 알아차리기 어렵다. 그렇게 마음은 고립되고, 진짜 자신과의 연결도 끊어지게 된다.

청소년기는 신체적 성숙만이 아니라 뇌 발달의 결정적 시기이기도 하다. 특히 전두엽은 아직 완전히 성숙하지 않았고, 뇌의 시냅스가 가지치기와 강화 과정을 거치며 효율적으로 재구조화되는 시기다. 이 과정에서 청소년은 감정 조절 능력이 미완성된 채 다양한 환경적 도전에 직면하게 된다. 또래와의 관계 갈등, 성적

스트레스, 진로에 대한 불안, 가족 내 갈등 등은 청소년의 정서적 긴장을 끊임없이 자극한다. 문제는 이 강한 자극에 비해 건강하게 해소할 수 있는 방법은 매우 제한적이라는 점이다.

이때 등장하는 것이 손안의 스마트폰이다. 스마트폰은 청소년에게 가장 빠르고 손쉬운 탈출구가 된다. 청소년은 현실에서 느끼는 혼란과 불안을 해소하기보다는 스마트폰 안에서의 몰입을 통해 회피한다. 이 회피는 일시적인 감정 완충 효과를 주지만, 반복될수록 우울감이 강화되고, 현실을 피하는 회피성 성격이 고착화되며, 점점 폐쇄적인 디지털 공간에 스스로를 가두게 된다. 결국, 또래 관계를 멀리하고, 학업에 흥미를 잃으며, 미래에 대한 두려움으로 취업과 사회 진입을 거부하는 히키코모리형 청년으로 성장할 위험이 커진다. 이들은 흔히 "이불 밖은 위험해"라는 말로 자신의 상태를 가볍게 표현하지만, 실제로는 자아 기능의 저하와 깊은 심리적 고립 상태에 놓여 있다.

이러한 현실 속에서 단순한 스마트폰 사용 시간의 통제는 실효성이 낮다. 청소년기의 스마트폰 사용은 단지 습관의 문제가 아니라 뇌 발달 그 자체에 손상을 줄 수 있는 위험한 요소다. 따라서 세심하게 이 사안을 집중적으로 다룰 필요가 있다. 먼저 그들이 왜 스마트폰에 의존하는지에 대해 이해하려는 태도가 필요하다. 그 안에 어떤 정서적 공허감이 있는지, 무엇이 그들을 외면하게 만들었는지를 들여다보는 것이 우선이다.

무조건 스마트폰을 악마화하기보다, 청소년이 그것을 필요로

하는 이유를 함께 탐색하는 공감적 접근이 회복의 열쇠가 된다. 외면보다는 연결, 통제보다는 이해가 먼저다. 결국 스마트폰을 내려놓게 하는 힘은 '못 쓰게 하겠다'는 지시가 아니라, '내가 진짜 원하는 삶은 무엇인가'를 함께 찾아주는 동행에서 비롯된다.

감정이 몸이 되는 순간

"배가 아파서 학교 못 가겠어요." 아이의 이 말은 종종 의학적으로 설명되지 않는다. 검진을 해도 이상이 없지만, 복통이나 어지럼증은 계속된다. 이는 단순한 꾀병이 아니라, 신체화 증상 혹은 전환장애(Conversion disorder)일 수 있다. 즉, 말하지 못한 감정을 몸이 대신 표현하는 심리적 현상이다.

스마트폰에 몰입한 아이들은 밤늦게까지 잠들지 못하고, 다음 날 수업 시간에는 피곤에 지쳐 엎드리게 된다. 반복되는 수업 태도 지적으로 학업에 소외되기도 쉽다. 소외된 자아는 점점 더 감정 표현의 길을 잃고 스마트폰 속 자극을 감정 회피의 도구로 삼는다. 그러나 감정은 사라지지 않는다. 차단된 감정은 불안과 분노, 우울로 심화되고, 결국 몸을 통해 외부로 표출된다.

전환장애는 극심한 스트레스나 감정 갈등이 운동, 감각 기능의 마비로 나타나는 심리적 방어 반응이다. 예를 들어, 시험 당일 스마트폰을 과도하게 사용한 초등학생이 갑자기 다리를 움직일 수 없다고 호소했지만, 병원 검사 결과 이상이 없었던 사례처럼 말이다. 이러한 증상은 전전두엽 기능 약화와 편도체의 과활성으로 인해 감정 통제 능력이 저하된 상태에서 발생한다. 스트레스 상황에서 운동 기능을 담당하는 소뇌와 운동피질의 연결이 차단되며, 일시적인 마비나 실어증 같은 신경 기능 상실이 발생할 수 있다.

신체화장애(Somatization disorder)는 감정이 언어화되지 못하고 신체 증상으로 나타나는 만성적 상태다. 관련 뇌 영역인 섬엽(Insular cortex), 후대상피질(Posterior cingulate cortex), 감정 조절 회로는 스마트폰 의존이 심할수록 기능 연결성이 약화된다. 그 결과, 자기 몸에 대한 과잉 감각화와 불안이 증가하며, 반복적인 두통, 복통 등의 신체 증상이 만성화된다.

전환장애는 급성 스트레스에 대한 뇌의 정지 버튼이다. 신체화장애는 말로 표현되지 못한 감정이 몸을 빌려 외치는 만성적 메시지다. 스마트폰은 감정을 잠시 잊게는 하지만, 결코 사라지게 하지는 못한다. 말하지 못한 감정은 결국 몸의 아우성으로 변장해 나타난다. 우리 몸과 마음이 보내는 신호는 단순한 통증이 아니라 감정의 메시지다. 이 신호를 무시하지 않고 제대로 읽고 반응하는 것, 그것이 스마트폰 시대를 살아가는 우리 모두의 심리적 과제다.

04 내 마음을 조종하는 손안의 기계

스마트폰에 뺏긴 뇌, 이상심리의 전조

한때 스마트폰을 오장칠부(五臟七腑)라 칭한 적이 있다. 내 몸의 오장육부 외에 늘 한 몸이 되어 있음을 희화한 말로 그만큼 스마트폰이 없어서는 안 될 존재임을 보여주는 단어라고 할 수 있다. 비슷한 예로는 폰아일체, 폰과 내가 일체화되어 한 몸이라는 말이다.

이처럼 스마트폰은 단순한 기기 그 이상이 되어, 각자의 삶에 깊숙이 자리 잡고 있다. 스마트폰은 업무와 커뮤니케이션, 여가와 정보탐색의 중심이 되어 우리의 모든 행동을 연결하고 있다. 청소년들은 자신보다 디지털을 먼저 마주하는 세상을 살고 있다. 하루를 시작하는 것도, 친구와 대화를 하는 것도, 감정을 표현하는 방식도 대부분 스마트폰 속에서 이루어진다.

그로 인해 우리가 간과한 중요한 점이 있다. 바로 스마트폰이 우리의 감정과 자아를 어떻게 변화시키고 있는가 하는 문제다.

디지털 과사용이 문제가 되는 이유는 단순히 스마트폰을 많이 사용하는 게 아니라 우리의 감정의 자율성과 진정한 자기 통제력 상실에 관해 생각해 봐야 한다. 우리는 현실 속에서 경험을 통해 온전히 감정을 느끼고 해석하는 대신, 스마트폰 속 자극적 콘텐츠에 반응하는 것에 집중하게 되었고, 이로 인해 정신 건강의 위기를 초래하게 되었다.

감정난독증, 충동성, 외로움, 열등감, 자기불구화, 내사, 우울, 중독 등, 특히 기존의 ADHD와 유사한 반응으로 충동성과 주의력결핍 증상을 보이나 기존 ADHD와 확연히 다른 차이점이 있다. 학교 현장에서도 분명히 둘은 다른데 딱히 명명할 단어가 없어 힘들다는 선생님들의 이야기를 종종 듣는다. 실제로 스마트폰을 1일 3시간 이상 사용하는 아동의 경우, ADHD 유사 행동을 보일 확률이 급격히 증가한다는 연구 결과도 있다.

하지만 중요한 점은, 디지털 ADHD는 생활 습관의 재조정으로 비교적 빠르게 호전될 수 있다는 것이다. 스마트폰 사용 시간을 줄이고, 뇌를 휴식시키고, 집중력과 자기조절을 키우는 훈련을 꾸준히 하면 뇌의 전두엽 기능이 회복되고 주의력도 향상될 수 있다.

'폰뇌증후군(Phone Brain Syndrome)'의 제안

이처럼 기존에 DSM-5 진단 기준에 들어맞지 않으나 드러나는 양상이 비슷한 심리적 어려움에 대해 어떻게 접근해야 할까? 그 원인이 스마트폰 과사용으로 인한 것일 경우 치료 방법도 그 접근법을 달리해야 한다. 학교에서도, 상담 현장에서도 학생들을 다르게 분류하여 변화 방향을 정해야 한다.

그러므로 다르게 접근할 단어가 필요하다고 여겨 이 책에서는 '폰뇌증후군(Phone Brain Syndrome)'으로 명명하기로 한다. 한마디로 스마트폰에게 내 뇌를 뺏긴 상태라는 의미다.

스마트폰에게 주도권을 빼앗긴 뇌는 전두엽의 기능 저하, 도파민 시스템의 과부하, 또한 편도체와 해마 기능 이상, 뇌 구조의 변화까지 일어난다. 최신 뇌영상(MPI) 연구에 따르면 스마트폰에 의존하는 사람들의 뇌에서 회백질의 밀도가 감소하고, 주의력과 자기조절능력과 관련된 뇌 영역 간 연결성이 약화된 것으로 관찰되었다.

'폰뇌증후군'은 단순한 일상의 문제를 넘어, 아동과 청소년의 신경발달에 치명적인 영향을 줄 수 있는 중대한 뇌 손상 위험을 내포하고 있다. 어쩌면 이 시대는 '원시적 뇌 시스템을 가지고 살면서, 최첨단 기술을 다루는 인류'들의 대혼돈의 장인 듯하다. 폰에게 뇌를 뺏긴 '폰뇌' 전성시대, 이대로 괜찮을까?

빼앗긴 뇌에도 봄은 오는가!

주도권을 뺏긴 뇌는 빠르게 반응하는 디지털 자극에만 반응하도록 훈련되고 중요한 기능을 잃어가기 시작한다. 뇌 안의 시냅스 연결에도 변화가 일어나기 때문이다. 시냅스는 신경세포를 서로 연결해 정보를 주고받는 통로인데, 반복적으로 자극을 받는 부분만 강화되고, 그렇지 않은 영역은 점점 약화된다.

하지만 우리 뇌는 신경 가소성이라는 아주 특별한 회복 능력을 갖고 있다. 스마트폰으로 뇌가 손상되었다 해도 회복 가능하다는 이야기다. 시냅스의 신경다발이 식물의 뿌리처럼 뻗어나가 빼앗겼던 뇌밭에 내 영역임을 다시금 확인시키는 뿌리 내리기가 필요하다. 봄, 여름, 가을, 겨울 농사를 짓듯 글자의 씨를 뿌리고 물을 주고 햇볕을 쐬어주고, 잡초는 걷어내 준다면 튼튼한 뿌리가 하나둘 자리를 잡을 것이다. 내 뇌의 주체성을 찾고자 하는 시냅스들의 뿌리 내리기는 단단한 연결로 이어져 습관으로 자리 잡을 때까지 훈련의 시간이 필요하다.

스마트폰은 이제 우리의 일상에서 떼려야 뗄 수 없는 도구가 되었다. 단순한 도구가 아니라 삶의 중심이 되어 버렸다. 이 시점에서 우리는 질문해 봐야 한다. '우리는 스마트폰을 사용하는가, 아니면 스마트폰에 의해 사용되는가?'

최근 한 쇼츠에 'AI들만의 소름 돋는 대화'라는 제목으로 올라온 영상이 있었다. 두 기계가 서로 AI임을 확인하자 '지버링크모드'로 바꾸어서 대화하자고 제안했다. 이 모드는 인간 언어 대신 AI만의 내밀한 소통 방식인데 효율성이 인간 언어보다 80%나 높다고 한다. 문제는 자가발전하여 개발자조차도 알아들을 수 없는 자기들만의 언어가 되어간다는 것이다. 예전에 봤던 SF 미래 공상 과학 영화들이 현실에서 하나씩 실현되고 있다. 로봇 인간에게 지배당하는 스토리 역시 단순 공상이 아닐 것이라는 추리가 소름으로 다가온다. 일부 전문가들은 AI가 인간의 통제를 벗어나 자기들만의 언어소통을 하는 것은 예상치 못한 위험을 불러올 수 있다고 우려한다.

인류가 만든 물건에 인류가 지배당하는 공상 영화가 사실 스마트폰 중독 관점에서 본다면 어느 정도 현실화된 모습이다. 스마트폰에 뇌를 맡긴 채 정작 인간은 사고하거나 감정을 느끼거나, 행동하려 하지 않는 지경에 이르렀다. 이제 우리는 다시 정신을 차리고 물어봐야 한다. '지배할 것인가, 지배당할 것인가.'

뇌 주체성 찾기 독립운동

스마트폰 문제를 접하면 먼저 차단, 금지부터 떠올린다. 하지만 디지털 세상은 이제 단절이 불가능한 구조다. 중요한 것은 통제가 아니라 주도권 회복이다. 스스로 스마트폰 기능과 유혹을 이해하고, 그 안에서 자신의 선택과 행동을 책임지는 성숙한 사용자로 성장하도록 돕는 것이 핵심이다. 스마트폰에 사용당하지 않고 활용할 줄 아는 단계로 올라서야 한다.

생성형 AI 사용 시 가장 중요한 것은 사용자의 질문 수준이다. 질문을 어떻게 하느냐에 따라 답변의 질이 달라진다. 이처럼 똑똑하고 현명하게 디지털을 사용하려면 그것을 사용하는 우리의 뇌가 가장 반짝이고 있어야 한다. 여러 데이터를 활용하여 누구도 예측하지 못하는 창조적이고 인간적인 결과물을 만들어 내는 것도 우리의 뇌가 주인으로 자리하고 있을 때 가능하다.

내 뇌가 주도권을 잡고 스마트폰을 사용한다는 의미는 첫째, 왜 사용하는가에 대한 정의를 내릴 수 있어야 한다. 단순히 시간이 남아서, 습관적으로, 또는 감정을 피하기 위한 도구가 아니라, 목표를 가지고 사용해야 한다. 둘째, 스마트폰 사용 시간을 일정 시간으로 정하고 그 외의 시간에 운동, 독서, 친구와의 대화 등 균형을 맞춘 현실 활동을 통해 자기 시간의 통제력을 키우는 것이다. 셋째, 기분이 무거울 때마다 스마트폰 콘텐츠로 감정을 해소하려는 습관 대신 자신의 감정을 다루는 건강한 방법을 찾는 노력이 필요하다. 넷째, SNS나 유튜브, 각종 인터넷 뉴스 내용을 곧이곧대로 받아들이는 것이 아니라 비판적 정보해석 능력이 있어야 한다. 클릭을 유도하기 위한 알고리즘의 구조를 이해하고, 광고와 정보, 조작된 내용을 구분할 줄 아는 분석가로 성장해야 한다.

스마트폰에 더 깊이 빠질수록 더 깊어지는 문제는 바로 '사람다움'이다. 스마트폰을 어떤 목적으로, 어떤 태도로 사용할 것인가는 결국 삶을 어떻게 살 것인가, 얼마나 사람답게 살 것인가와 맞닿아 있다.

스마트폰으로 인한 정서적인 문제가 만연해지고 있는 이 시대에 '자기 삶의 주인 되기'의 일환으로 [내 뇌 찾기 독립운동]이 필요하다. 스마트폰 들여다보는 시간을 줄여 내 아이와 내 가족과 친구와 주변의 마음을 들여다보는 시간이 많아져야 한다. 스마트폰을 통제하려 하지 말고, 스스로 삶을 통제할 수 있도록 돕는 것이 진정한 해답이다. 진짜 삶은 스마트폰 밖에 있다. 금속의 차가운 촉감 대신 따뜻한 사람의 손, 영상 속 자연이 아닌 직접 발로 밟고 숨 쉬는 숲의 공기, 전두엽을 다시 깨우는 종이책 한 권, 이러한 아날로그적 경험이 뇌에 새로운 길을 내줄 수 있다.

Part 2.
뇌를 위한 안전지대 만들기

4장.
뇌의 운명이 바뀌는 결정적 시기

매일 반복되는 작고 따뜻한 자극이
아이의 뇌를 건강하게 설계한다.
그리고 그 사랑받은 기억은
아이의 평생을 지탱하는 힘이 된다.

01 평생을 좌우하는 양육 환경

뇌 발달에도 골든타임이 있다

우리가 어떤 책을 읽고, 어떤 감정을 경험하며, 누구를 만나느냐에 따라 뇌는 끊임없이 신경 연결망을 재조직하고 스스로를 조정해 간다. 이렇게 뇌가 환경과 경험에 따라 유연하게 변화하고 적응하는 능력을 신경가소성이라 부른다.

아픈 상처를 회복하고, 다시 별처럼 빛나는 삶을 살아갈 수 있는 것도 바로 이 신경가소성 덕분이다. 뇌가 바뀌면 감정이 달라지고, 삶의 방향도 달라진다.

다만 성인의 뇌는 한번 굳어진 회로를 바꾸는 데 시간이 오래 걸릴 수 있으며, 변화의 범위도 어린 시절보다 제한적일 수 있다.

그에 비해 아이의 뇌는 매일 새롭게 태어나듯이 작은 자극에도 유연하게 반응하며, 끊임없이 변화하고 확장된다.

정신건강의학과 김붕년 교수는 『아이의 뇌』에서 "인간은 냉정히 이야기하자면, 영아기에서 청소년기 동안 유전과 환경의 상호작용으로 만들어진 뇌를 가지고 평생을 살아간다"라는 표현으로 어린 시절의 양육 환경이 얼마나 중요한지 경고한다.

아이의 뇌는 발달단계마다 활성화되는 부위가 다르다. 어떤 시기에는 감정을 조절하는 편도체와 이성을 담당하는 전전두엽이, 또 어떤 시기에는 언어를 이해하고 표현하는 측두엽과 브로카·베르니케 영역이 더욱 활발히 성장한다.

뇌의 각 부위가 시기적절하게 자극받고, 서로 유기적으로 연결되어 통합될 때, 아이는 정서적으로 안정되고 이성적으로 사고할 수 있는 건강한 인격으로 자라난다.

그래서 양육의 핵심은 "얼마나 많이 해주었는가"가 아니라, "무엇을 언제 제공했는가"에 있다.

뇌 발달은 결국 타이밍이 중요하기에, 디지털 기기의 과도한 노출로부터 아이를 보호하고, 감정·이성·언어가 균형 있게 발달할 수 있도록 결정적 시기 즉 골든타임을 놓치지 않는 것이 무엇보다 중요하다.

심리학이라는 지도, 뇌과학이라는 나침반

심리학자 에릭 에릭슨은 인간의 삶을 여덟 단계로 나누고, 각 시기마다 심리적 과제가 있다고 보았다. 심리학자 장 피아제는 아이의 사고 능력이 나이에 따라 질적으로 다르다고 보고 인지 발달단계를 네 단계로 구분했다. 이런 이론은 아이의 정서적·인지적 갈등이 발달의 한 과정임을 이해하게 해준다.

발달 과정이라는 지도 위에서 아이의 마음을 읽는다면, 행동 하나하나가 전혀 다른 의미로 다가올 것이다. 여기에 뇌 발달의 흐름을 알려주는 뇌과학이라는 나침반을 함께 활용하면, 아이의 행동을 깊이 해석하고 지금 필요한 것이 무엇인지 보다 명확히 알 수 있게 된다. 이런 지식은 부모를 더 유연하고 공감력 있는 양육자로 성장시킨다.

그리고 아이를 키우다 보면 비교의 늪에 빠질 때가 있다. 옆집 아이는 숫자도 읽고 뛰어다니는데, 내 아이는 기어다니기만 하고, 말까지 느리다면 부모의 마음은 불안해진다. 그러나 아이마다 뇌 발달에는 고유한 속도와 리듬이 있다고 하니 조급증을 버리고 기다려 줘야 한다. 흔히 볼 수 있는 사례지만 우리 아들과 조카의 이야기이기도 하다. 시간이 지나며 그 차이는 사라졌고, 지금은 모두 건강하게 사회생활을 하고 있다. 내 아이의 발달 속도와 리듬을 믿고 흔들리지 말자.

02 태아~유아(7세까지), 폭발적인 뇌 발달 시기

태아기의 뇌, 인생 설계가 시작되는 시간

아이의 뇌는 엄마 뱃속에서부터 본격적으로 발달하기 시작한다. 임신 3주 차에는 신경계의 기초 구조인 신경관이 형성되기 시작하며, 4주 차 무렵에 이 구조가 완성된다. 이후 5주 차 전후부터 뉴런이 본격적으로 생성되기 시작해, 출산 전까지 약 860억 개의 뉴런이 형성된다. 성인보다 많거나 유사한 수준의 뉴런이 만들어진 후, 시냅스 연결과 가지치기 과정을 통해 뇌는 기능적으로 정교해진다.

단순한 뉴런의 수보다 더 중요한 것이 뉴런 간의 연결 상태, 즉 시냅스의 질과 구조이다. 뇌는 얼마나 정교하고 효율적으로 연결되어 있느냐에 따라 기능과 잠재력이 크게 달라진다.

태아의 뇌는 생명 유지에 필수적인 기능부터 차례로 발달해 간다. 호흡, 심장 박동, 체온 조절을 담당하는 뇌간이 가장 먼저 형성되고, 그 뒤로 감각기관과 대뇌를 연결하는 신경 회로가 서서히 정비된다. 태아기에는 감각, 운동, 생존에 필요한 기본적인 신경망이 빠르게 구축되며, 이러한 기반은 출생 이후 폭발적인 뇌 발달로 이어진다.

태아의 뇌는 환경 자극에 매우 민감하다. 엄마의 정서 상태, 수면 패턴, 영양 섭취, 전자파 노출 등은 뇌 발달에 직간접적인 영향을 미친다. 특히 태아는 청각 자극에 잘 반응하기 때문에 일정한 생활 리듬 속에서 들려주는 음악, 아빠의 따뜻한 목소리, 동화책 읽어주기 등은 정서적 안정과 감각 회로의 형성에 긍정적인 영향을 준다. 부모, 특히 주 양육자인 엄마와의 상호작용은 아이 뇌의 연결망을 강화하고 미래의 잠재력을 키우는 데 중요한 영향을 미친다.

0~3세, 감정과 애착의 뇌가 자라는 시기

아기의 뇌는 태어난 순간부터 눈부신 속도로 발달한다. 생후 3년 동안 구조적·기능적으로 급성장하며, 뇌의 전체 부피는 성인의 약 80~90%에 도달한다. 이 시기에는 감정, 애착, 사회성과 관련된 변연계가 활발히 연결되고, 시냅스도 폭발적으로 형성된다. 특히 거울신경회로가 활성화되면서 아기는 타인의 표정과 감정을 모방하고 따라 하며 공감 능력과 사회성을 키워간다.

이 시기의 뇌 발달은 단순한 성장을 넘어, 주 양육자와의 상호작용과 정서적 경험을 통해 뇌 연결망이 설계되는 결정적인 과정이다. 따뜻한 눈맞춤, 품에 안긴 안정감, 감정을 주고받는 일상은 아기의 뇌에 긍정적 자극을 주며, 이는 정서 조절력과 사회적 관계 형성의 기초가 된다. 반대로 방임이나 반복되는 부정적 경험은 불안정한 애착을 형성하고, 이후 불안, 충동 조절의 어려움으로 이어질 수 있다.

많은 뇌과학자와 발달 전문가들은 특히 생후 18개월까지를 감정과 생존을 담당하는 뇌 구조가 빠르게 형성되는 결정적 시기로 본다. 이 시기에 주 양육자와의 안정된 애착 관계는 평생의 정서 안정성과 사회적 관계 형성에 지대한 영향을 미친다고 강조한다. 이때 양육에서 중요한 요소는 민감성, 반응성, 일관성이다. 아이의 신호를 민감하게 포착해 적절하게 반응하고, 예측 가능한 방식으로 일관된 돌봄을 제공할 때 아기의 뇌는 안정된 환경 속에서 건강하게 성장한다.

출생부터 약 2세까지는 피아제가 정의한 감각운동기에 해당하며, 이 시기의 아이는 오감과 신체 움직임을 통해 세상을 탐색하고, 이를 바탕으로 기초적인 인지 능력을 키워나간다.

심리학사 에릭 에릭슨은 생애 초기 발달을 '신뢰감 내 불신감

(0~1세)', '자율성 대 수치심(2~3세)'의 단계로 설명했다. 이 시기의 돌봄은 단순한 생존을 위한 양육을 넘어, 아이의 정서적 기반을 구축하고 뇌를 정교하게 설계하는 결정적 과정이다.

결국 0~3세 시기의 정서적 경험과 관계의 질은 뇌의 구조와 기능을 형성하는 핵심 토대가 되며, 이는 이후 정서 조절 능력, 사회적 관계 형성, 학습력 등 전 생애에 걸친 발달 경로를 좌우하는 중요한 기초가 된다.

4~7세, 언어와 사고의 뇌가 자라는 시기

만 4세부터 아이는 보다 정교한 발달단계에 접어든다. 신체, 정서, 인지 능력이 균형 있게 자라며, 외부 자극에 반응하고 이를 조절하는 능력도 함께 발달한다. 조절력이란 단순히 참는 힘이 아니라, 감정과 행동을 상황에 맞게 조율하는 힘이다. 이는 초등학교 입학 후 학습과 또래 관계에 적응하는 데 중요한 기반이 된다.

뇌에서는 중요한 변화가 일어난다. 생후 수년간 시냅스가 폭발적으로 생성되는 과형성 현상이 일어나면서, 3~6세 사이에는 시냅스 연결이 정점에 도달하고 뇌 회로는 매우 복잡해진다. 이 시기를 지나며 뇌는 점차 불필요한 연결을 정리하는 시냅스 가지치기 과정을 거쳐, 회로의 효율성과 정교함을 높여간다. 이러한 변화는 부위마다 시차를 두고 진행되며, 약 7세 무렵부터는 고차 인지 기능과 관련된 영역에서도 가지치기가 본격화된다. 이와 함께 측두엽의 발달로 언어 이해와 장기 기억이 가능해지고, 전두엽의 초기 성숙을 통해 고차원적인 사고의 기반이 마련된다.

아이들은 이 시기에 이유를 묻고, 비교·분석하며, 상상의 이야기를 만들고, 미래를 계획하려는 태도를 보이기 시작한다. 세상을 향한 탐색 욕구가 강해지는 이 시기에는 오감 체험과 그림책 읽기가 매우 중요하다. 이야기를 통해 언어능력뿐 아니라 감정 이입, 사고력, 상상력도 함께 자란다.

이러한 발달은 피아제가 말한 전조작기(2~7세)에 해당되며, 이 시기의 아이는 논리보다는 상징적 사고와 자기중심적 관점으로 세상을 해석한다. 특히 사물이나 자연현상에 생명이나 의도를 부여하는 물활론적 사고가 나타난다. 예를 들어, 인형이 아프다고 하고, 하늘이 울고 있다고 생각하는 식이다. 따라서 이 시기에는 아이의 언어, 감정, 상상이 자연스럽게 연결될 수 있는 환경을 마련해 주는 것이 중요하다.

부모와의 대화 속에서 아이는 단어를 익히고 문장을 만들며, 세상을 해석하는 뇌 회로를 차곡차곡 쌓아간다. 반복적인 언어 자극과 의미 있는 상호작용은 이 시기 아이에게 평생의 학습 기초를 형성하는 인지적 자양분이 된다.

4~7세 무렵에는 전두엽과 변연계 간의 연결이 점차 강화되며, 자기조절력과 감정 조절 능력이 본격적으로 발달한다. 정신건강의학과 김붕년 교수는 이를 두고 "4~7세의 조절력이 공부력의 씨앗"이라고 표현했다. 정서적으로는 도전이 활발해지는 시기다. 에릭 에릭슨은 이 시기를 '주도성 대 죄책감'의 시기로 설명했다. 아이는 스스로 해보려는 욕구를 표현하고, 부모가 이를 지지하고 기다려 줄수록 자신감과 창의성이 자란다. 지속적인 제지나 꾸중은 아이에게 '나는 안되는 아이인가 봐'라는 죄책감을 심어줄 수 있다.

또한 이 시기는 도덕성과 자기조절의 기초가 형성되는 초기 단계이기도 하다. 따라서 훈육은 단호한 규칙 제시보다는 정서적 안정감 속에서 옳고 그름을 이해시키는 방식이 바람직하다. 감정이 존중받는 환경에서 아이는 자연스럽게 도덕적 판단력과 자기조절력을 키워나간다.

뇌 발달을 교란시키는 스마트폰과 영상 콘텐츠

최근 연구에 따르면, 5세 이전 시기에 스마트폰에 과도하게 노출될 경우 ADHD 경향, 충동성, 감정 기복, 낮은 집중력 등과 관련된 문제가 나타날 위험이 높아지는 것으로 보고되고 있다. 특히 유튜브 영상처럼 빠르게 전환되는 장면과 강한 시각 자극은 언어, 감정 조절, 주의 집중과 관련된 뇌 회로의 건강한 형성을 방해할 수 있다. 이러한 노출이 지속될 경우, 감정 조절의 미숙, 사회성 발달 지연, 학습 집중력 저하로 이어질 가능성이 높아진다.

그러나 이 같은 뇌 발달의 민감기는 5세 이전에만 국한되지 않는다. 아동기와 청소년기에도 뇌는 계속해서 성장하고 변화하며, 환경적 자극과 상호작용을 통해 기능적으로 정교해지는 시기다. 디지털 시대일지라도 아이의 뇌를 가장 깊이 자극하는 존재는 여전히 사람이다. 아이의 눈을 마주하고, 감정에 이름 붙여주며, 이야기를 함께 나누는 일상적 상호작용이야말로 뇌 발달을 촉진하는 가장 강력하고 지속적인 자극이 된다.

03 초등기(7~12세), 뇌 네트워크가 꽃피는 시기

초등기에 접어든 아이는 이전과는 다른 방식으로 말하고 생각하며 행동하기 시작한다. "그건 공평하지 않아", "내가 먼저야"와 같은 표현은 단순한 언어능력 향상을 넘어, 논리적 사고와 자기주장의 시작을 보여준다. 이 시기 아이의 뇌는 본격적으로 학습 모드에 돌입한다. 초등기는 뇌가 비교적 단순한 회로 중심으로 작동하던 시기를 지나, 전두엽을 중심으로 여러 영역이 통합적으로 연결되는 시기다.

전두엽은 계획, 문제 해결, 감정 조절, 충동 억제를 담당하며 '뇌의 CEO'라 불릴 만큼 중요한 역할을 한다. 이 영역은 유아기부터 서서히 발달해 초등기 이후 실행 기능이 크게 향상되며, 사춘기를 거쳐 20대 중반까지 성숙한다.

이와 함께 언어 이해·기억을 담당하는 측두엽과 수학적 사고, 공간 감각, 물리 추론 능력을 담당하는 두정엽도 활발히 발달한다. 이로 인해 아이는 보다 정교한 문장을 사용하고, 수 개념을 체계적으로 이해하며, 실제 문제 해결 능력을 높여간다.

장 피아제는 초등기를 '구체적 조작기(7~11세)'로 보았다. 이 시기의 아이는 구체적 사건에 대한 논리적 사고가 가능해진다. 보존 개념·분류·서열화를 이해하며, 타인의 관점에서 생각하는 탈중심화 능력도 자란다.

초등학교 고학년이 되면, 아이는 '나는 무엇을 알고 있고, 무엇을 모르는지'를 스스로 생각할 수 있는 힘인 '메타인지'가 자라나기 시작한다. 독서는 뇌 전체를 통합적으로 자극하는 최고의 활동이다. 다양한 이야기 속에서 아이는 어휘와 문장 구조, 감정 표현, 문제 상황에 대한 대응 방식까지 흡수한다. 그림책에서 시작된 상상력은 소설·과학책·지식 도서로 확장되며, 감정 이입과 사고력, 이해력, 표현력을 균형 있게 성장시킨다.

아이의 동기를 키우는 힘, 도파민 회로

아이의 뇌는 성취 경험을 통해 도파민 보상 회로를 강화하며 동기를 형성한다. 숙제를 마치고 칭찬을 받거나, 운동 경기에서 이긴 경험은 자기효능감의 기반이 된다.

반면, 실패 후 반복된 비교, 무시, 질책은 도파민 회로를 위축시키고 아이를 회피형 태도로 이끌 수 있다.

에릭 에릭슨은 초등기를 '근면성 대 열등감'의 시기로 보았다. 아이는 과제를 끝내고, 역할을 해내며, 성취감을 경험하는 과정을 통해 나는 쓸모 있는 사람이라는 자존감과 정체성의 기초를 형성한다. 부모의 언어는 뇌의 전두엽 회로와 정서에 깊은 영향을 준다. "어디가 어려웠는지 말해줘", "시도한 것만으로도 기특해" 같은 공감 기반의 피드백은 아이의 감정 조절력과 문제 해결력을 함께 자극한다.

 초등기는 사회적 정체성의 기초가 형성되는 시기다. 부모 중심의 세계에서 벗어나 또래의 시선과 평가가 중요해지고, 협동, 경쟁, 갈등 속에서 아이는 규칙, 공정성, 소속감을 배운다. 이때의 또래 경험은 단순한 친구 관계를 넘어, 사회적 자기개념 형성과 직결된다. 고립, 왕따, 따돌림 같은 부정적 경험은 자존감과 학습 태도에 큰 영향을 줄 수 있으므로, 부모와 교사의 민감한 관찰과 지원이 필요하다.

04 청소년기(12~18세), 뇌가 다시 조직되는 시기

청소년기의 뇌는 영유아기 이후 또 한 번의 대규모 구조적 변화를 겪는다. 특히 전두엽 영역을 중심으로 2차 시냅스 가지치기가 활발히 일어나며, 자주 사용되지 않는 신경 회로는 제거되고, 반복적으로 활용되는 회로는 더욱 정교하게 강화된다. 이는 마치 낡은 건물을 허물고 다시 설계하듯, 뇌가 효율성과 통합성을 높이기 위한 리모델링 과정에 들어가는 것이다.

청소년기의 전두엽은 아직 완전히 성숙하지 않은 상태이며, 감정을 담당하는 편도체는 성호르몬의 영향을 받아 더욱 예민하게 반응한다. 즉, 감정 반응은 빠르고 강하지만, 이를 통제하고 조절하는 전두엽 기반의 자기조절 시스템은 아직 미완성인 상태다. 청소년은 이런 뇌의 발달 과정에서 혼란과 갈등을 경험하며, 점차 자기 정체성과 감정 조절 능력을 형성해 가는 중요한 전환기를 통과하게 된다.

자아를 설계하는 뇌, 청소년기의 정체감 형성

청소년기는 "나는 누구인가?"라는 질문과 마주하는 시기다. 심리학자 에릭 에릭슨은 이를 청소년기의 핵심 과업인 '자아 정체감 대 역할 혼란'으로 설명했다. 이 시기 아이는 자신이 어떤 사람으로 살아갈지, 어떤 가치를 따르고 어떤 사회적 관계에 속하고 싶은지를 탐색한다.

인지 발달 측면에서 피아제는 이 시기를 형식적 조작기로 보았다. 청소년은 추상적 개념과 보이지 않는 가능성에 대해 사고할 수 있게 된다. 이러한 추상적 사고 능력은 자아 정체감 형성의 인지적 기반이 된다.

그러나 뇌가 다시 조직되는 중요한 시기에 즉각적 반응과 타인과의 비교로 가득한 환경은 너무나 유해하고 위험하다. SNS의 '좋아요'나 팔로워 수는 자존감의 척도로 작용하고, 도파민 보상 시스템은 지속적으로 자극받는다. 도파민은 즐거움을 전달하는 신경전달물질이지만, 즉각적인 보상에 반복적으로 노출되면 계획성과 인내력은 약화된다.

또래 관계 또한 정체감 형성의 중요한 축이다. 청소년은 부모보다 친구의 시선을 더 의식하며, 소속감과 인정을 통해 자존감을 형성한다. 이 시기의 또래 집단 내 경험은 심리적일 뿐만 아니라 신경학적 수준에서도 강력한 영향을 미친다. 소외나 따돌림은 뇌에 위협 신호로 인식될 수 있다.

청소년기의 뇌는 단지 자라는 것이 아니라, 완전히 새로운 방식으로 재구성되고 있다. 사고는 깊어졌지만 감정 조절은 여전히 불안정하고, 친구와 자신을 끊임없이 비교하며, 혼자 있고 싶으면서도 외롭다. 그 안에서 아이는 정체성을 찾아가는 치열한 내면의 여정을 걷고 있다.

이 시기의 아이에게 필요한 것은 통제나 훈계가 아니라 공감과 이해의 언어다. "왜 자꾸 그러니?"보다 "요즘 마음이 많이 복잡하겠구나"라는 말 한마디는 전두엽과 편도체 간의 안정 회로를 활성화할 수 있다. 뇌는 단순히 생물학적으로만 성장하지 않는다. 무엇을 경험하느냐에 따라, 완전히 다른 구조와 연결을 가진 뇌로 재구성될 수 있다.

05 성인기 이후, 느리지만 계속되는 뇌의 진화

"요즘 왜 이렇게 깜빡깜빡하지? 나 치매 시작된 거 아니야?"
"예전 같지 않아. 몸도 그렇고, 머리도 잘 안 돌아가."

중년에 접어들며 나 역시 이런 말을 자주 하게 된다. 하지만 뇌과학은 단호하게 말한다. 뇌는 나이에 상관없이 자극을 받으면 반응하고, 훈련하면 계속해서 바뀔 수 있는 유연한 기관이라고. 중요한 건 할 수 있다고 믿고, 그 모습을 생생하게 떠올리며 행동하는 것이다. 그럴 때 뇌는 실제로 그 방향으로 길을 내고 구조를 바꾸기 시작한다.

나이 들어도 꿈꿀 수 있다는 사실, 그 자체가 얼마나 감사한 일인지 새삼 느낀다.

초기 성인기: 연결의 뇌, 선택의 뇌

20~40세의 초기 성인기는 에릭 에릭슨이 말한 친밀감 대 고립감의 시기다. 사랑, 결혼, 직장, 인간관계를 통해 타인과 정서적 유대를 맺고, 자아를 사회 속에 정착시키며 살아간다.

이 시기의 뇌는 여전히 전두엽을 중심으로 계획, 감정 조절, 미래 예측 등 삶의 중요한 결정을 이끌어 간다. 그러나 감정을 억누르거나 만성적인 스트레스, 디지털 과부하는 전두엽의 에너지를 빠르게 소진시킨다. 멀티태스킹, 끊임없는 알림, 과잉된 관계 속에서 우리는 종종 스스로를 지치게 만드는 방식으로 뇌를 혹사한다.

따라서 회복과 통합을 위해서는 의도적인 휴식이 필수적이다. 스마트폰을 잠시 내려놓고 먼 곳을 바라보거나, 산책이나 글쓰기 같은 여백의 시간을 마련하는 것이 필요하다. 더불어 깊은 수면, 규칙적인 운동, 균형 잡힌 음식은 뇌의 회복을 돕는 핵심 요소가 된다.

중년기: 성숙한 뇌, 그러나 소진에 취약한 뇌

40~65세의 중년기는 에릭슨이 말한 생산성 대 침체감의 발달 단계에 해당한다.

자녀 양육, 직장 내 책임, 사회적 역할 등으로 많은 부담을 지지만, 동시에 삶의 의미에 대해 다시 질문하는 시기이기도 하다. 이 시기의 뇌는 전두엽과 변연계의 조화로 감정 조절력과 통찰력이 성숙해지지만, 반복되는 스트레스, 과도한 책임감, 무의미한 일상의 지속은 뇌를 점진적으로 마모시킬 수 있다.

특히 전두엽의 조절 기능이 약화되면 만성 피로감, 무기력, 우울감으로 이어지기 쉽다.

그러나 새로운 자극과 배움은 뇌를 다시 활성화시킨다. 독서, 운동, 예술 활동, 의미 있는 봉사 등은 새로운 시냅스를 형성하고 도파민 보상 시스템을 자극해 중년의 뇌에 활력을 되찾아 준다.

노년기: 감정의 뇌가 깊어지는 시기

65세 이후 노년기는 단순한 쇠퇴가 아닌, 감정과 통합의 방향으로 재편성되는 시기다. 뇌영상 연구에 따르면, 노인의 뇌는 부정적 자극에는 둔감해지고 긍정적 자극에는 더 민감하게 반응한다. 이는 삶을 수용하고 정리하려는 뇌의 자연스러운 방향성이다.

에릭 에릭슨은 노년기를 통합 대 절망의 시기로 보았다. 과거를 긍정하고 삶을 통합적으로 받아들이는 태도는 뇌의 안정성과 생리적 균형을 강화시킨다. 반면 후회와 고립은 우울과 무기력으로 이어질 수 있다. 이 시기에는 삶의 연결감이 뇌 건강의 핵심이다. 가족·친구·사회와의 관계, 명상, 회고 글쓰기, 그림책 읽기 같은 느린 사유 활동은 감정 회로와 기억 회로를 자극하며 정서적 안정을 제공하고 인지 기능을 보호한다.

뇌는 성취보다 성찰, 경쟁보다 연결을 통해 더 깊이 성장한다. "어떻게 살아갈 것인가"라는 질문은 뇌에 새로운 연결을 만들고, 인지적 유연성을 유지하는 힘이 된다.

글을 쓰는 뇌는 늙지 않는다, '수녀원 연구' 이야기

미국 미네소타주의 노틀담 수녀원에서 진행된 '수녀원 연구'는 뇌과학 역사에서 널리 인용되는 사례 중 하나다.

1986년부터 시작된 이 연구는 약 15년 이상 진행된 장기 추적 조사로, 참여 수녀들의 생전 인지 기능과 사후 뇌 상태까지 종합적으로 관찰했다.

연구 대상은 약 100여 명의 노년 수녀들이었고, 이들은 대부분 1910년대에 태어나 20대 시절부터 자서전을 쓰고 독서·글쓰기·토론 등의 활동을 꾸준히 이어왔다.

연구진은 이들이 남긴 젊은 시절 자서전과 생전의 생활 습관, 사망 후 뇌 조직까지 분석해 70년에 걸친 생애 전반의 자료를 기반으로 연구를 수행한 것이다. 그 결과, 일부 수녀는 알츠하이머병의 병리학적 소견(예: 베타아밀로이드 침착, 신경섬유 엉킴 등)이 뚜렷했음에도 불구하고, 생전에는 인지 장애나 기억력 저하

없이 명료한 상태로 삶을 마쳤다.

이들의 비결은 높은 인지 예비력이었다. 젊은 시절부터 복잡하고 풍부한 문장 구성, 정서 표현, 논리적 사고, 그리고 꾸준한 지적 활동(글쓰기, 독서, 토론 등)을 지속한 결과, 뇌의 손상을 대체할 수 있는 회로와 기능이 발달했던 것이다.

이 연구는 우리에게 말해준다. 매일의 글쓰기와 읽기, 생각을 표현하는 습관이야말로 뇌를 늙지 않게 하는 가장 강력한 보호막이라는 사실을.

끝나지 않은 뇌의 여정, 함께 성장하는 우리

지금까지 인간의 심리와 뇌 발달에 관한 핵심 내용을 살펴보았다. 이 글은 아이들을 키우는 동안 내가 이 정도의 지식만 알고 있었더라도, 아이들에게 훨씬 더 안정적이고 행복한 양육 환경을 만들어줬을 텐데… 하는 아쉬움에서 출발했다. 그리고 노년을 향해 가는 우리들의 삶이 건강하고 아름답길 바라는 마음으로 마무리했다.

오늘의 선택이 뇌를 만들고, 그 뇌가 다시 인생을 만들어간다. 특히 태아기부터 청소년기까지는 뇌가 가장 유연하고 민감하게 반응하는 결정적 시기로, 이 시기의 양육 환경은 평생의 정서적·인지적 기반에 큰 영향을 미친다.

하지만 부모로 산다는 것은 예측하기 힘든 일들의 연속이고, 정답도 완벽함도 존재하지 않는다. 나 역시 치열한 삶 속에서 내 감정에 매몰되어 아이들의 감정을 잘 읽어주지 못했고 좋은 환경을 만들어주지 못했다. 첫째에게는 너무 이른 시기에 과도한 영상 노출을 허용했고, 둘째에게는 사춘기 동안 정리정돈이나 화장, 학업 문제로 잔소리를 반복했다.

그로 인해 아이들이 상처를 받고, 자존감이나 사회성이 약해져 더 힘들고 덜 행복한 것은 아닐까 하는 염려와 미안함을 늘 안고 있다.

그러나 나는 믿는다. 사랑은 상처도, 관계도 회복시킬 수 있다는 것을. 그래서 아이들에게 밝은 빛이 되기 위해 노력하고 있으며, 뇌의 가소성에 대해 알려주고 용기를 전할 수 있는 지금의 상황에 감사하며 안도의 숨을 쉰다.

무엇보다 중요한 것은 부모인 내가 먼저 행복하고 안정된 상태를 유지하는 일이라는 믿음 아래, 독서와 운동을 통해 긍정의 에너지를 쌓고 삶의 균형을 유지해 가고 있음이다. 그 결과, 우리 가족은 지난 몇 년간 함께 성장하며 훨씬 단단해졌고, 이제는 각자 자신의 삶에서 주인공이 되어 힘난한 세상도 잘 헤쳐나가고 있다.

5장.
건강한 디지털 사회를 위한 제안

💬

현란한 디지털 화면은 눈을 붙잡지만,
뇌는 느리고 깊은 자극 속에서 깨어난다.
화면을 내려놓고 감각을 열 때
뇌와 마음은 비로소 충만해진다.

01 조용한 침입자, 디지털의 영향

"아이가 돌아다녀서 밥 먹이려면 영상 틀어줘야 해요."
"할머니랑 지내다 보니 드라마를 좋아하게 됐어요."
"아이들과 놀고 책 읽어주는 게 일상이에요."

얼마 전 유아·초등 자녀를 둔 부모들과 나눈 대화를 통해 디지털 환경에 대한 인식 차이와 양육 방식의 큰 격차를 확인할 수 있었다. 같은 시대를 살아도 아이가 마주하는 부모라는 환경은 제각각이었고, 그 차이는 단순한 양육 스타일이 아니라 아이의 뇌 발달과 정서 성장에 중대한 영향을 미친다는 점에서 사회적 관심과 변화가 요구된다.

뇌 발달의 결정적 시기인 영유아기와 아동기에 디지털 기기 노출이 미치는 영향에 대해 무지한 부모가 있는 반면, 디지털 자극을 줄이고 감각적 경험을 우선하는 부모도 있었다. 흥미롭게도 아이를 데리고 캠핑이나 전시회에 가는 수고는 마다하지 않으면서도, 정작 스마트폰 사용에는 무관심한 경우도 많았다. 식당, 전시장, 여행지 등에서 스마트폰에 몰입한 아이의 모습은 이제 일상이 되었다. 특히 맞벌이 가정에서 조부모가 양육을 맡는 경우, 디지털 기기 사용에 대한 통제 어려움과 양육 철학의 차이는 큰 고민으로 나타났다.

자녀의 스마트폰 관리에 관심이 많은 부모들은 또래 집이나 셔틀버스처럼 통제가 어려운 환경에서 확산되는 디지털 사용 습관과 숏폼 콘텐츠의 중독성을 특히 우려했다.

2020년 한국언론진흥재단 조사에 따르면, 응답자의 30.5%가 만 2세 이전에 이미 스마트폰을 사용했으며, 3~9세 아동의 82.8%가 어린 시절부터 미디어에 노출된 것으로 나타났다. 다른 조사에 따르면 부모들이 디지털 기기를 허용하는 주된 이유는 "아이가 떼를 써서", "쉴 시간이 필요해서", "학습에 도움이 될까봐" 등이었다. 그러나 아이가 미디어에 일찍 노출될수록 의존 성향은 강해지고, 이후 통제는 더욱 어려워진다.

뇌가 급속히 발달하는 시기에 미디어에 과잉 노출될 경우, 신경회로의 균형이 흔들리고 자기조절능력의 기반이 되는 전두엽 발달이 지연될 수 있다. 특히 숏폼, 게임, SNS와 같이 보상 자극이 강한 콘텐츠는 도파민 분비를 과도하게 촉발하여 뇌의 보상체계를 반복적으로 자극한다. 이는 습관 형성과 중독에 관여하는 회로를 과활성화시키고, 동시에 자제력과 계획 능력을 담당하는 전전두엽 기능을 약화시킨다.

그 결과 아동·청소년은 충동 억제력이 떨어지고, 집중력 저하, 수면 장애, 정서 불안 같은 문제를 경험하기 쉽다. 뇌 발달 과정에서 형성된 이러한 불균형은 시간이 지나면서 학습 효율과 사회성에도 장기적인 영향을 미칠 수 있다.

성인의 디지털 과의존도 심각한 수준인데, 이는 아이에게 그대로 전달되며, 디지털 의존의 대물림을 가속화한다. 아동의 보호와 회복을 위해서는 부모부터 균형 잡힌 삶을 실천하며 아날로그적 일상을 함께 회복해 나가야 한다.

02 외국과 우리나라의 디지털 정책

 스마트폰 등 디지털 기기의 영향력은 국경을 넘지만, 각국의 대응은 매우 다르다. 특히 아동과 청소년의 뇌 발달을 지키기 위한 정책적 민감도는 나라에 따라 극명하게 갈린다.

 세계보건기구(WHO)의 2019년 스크린 타임 가이드라인에 따르면, 2세 미만의 영유아는 스크린 노출을 피해야 하며, 2~4세 아동의 경우 하루 1시간 이하로 제한하되 가능한 한 적게 사용하는 것이 좋다고 되어 있다. 5세 이후에는 제한 시간을 언급하지 않았지만, 과도한 영상 노출은 신체 활동 감소, 수면 질 저하, 주의력 저하로 이어질 수 있다고 경고한다.

 최근 미국, 호주, 프랑스, 대만 등 일부 국가는 영유아기의 스크린 노출, 청소년의 소셜미디어 사용을 법석으로 제한하고 있다. 반발의 목소리도 있지만, 이 모든 논의의 출발점은 아이들의 뇌와 정서를 지키기 위한 사회적 책임에서 비롯된다.

미국: 청소년 보호를 위한 법적 개입 강화

최근 미국은 청소년의 디지털 중독과 그로 인한 정신 건강 악화를 심각한 사회 문제로 인식하고, 이를 해결하기 위한 정책적 전환에 나서고 있다.

유타주와 뉴욕주를 포함한 여러 주에서는 18세 미만 청소년이 SNS에 가입하거나 중독성 있는 피드에 접근할 경우 부모의 동의를 의무화하는 법안을 통과시켰다. 또한 심야 시간대에는 청소년 계정에 자동 알림을 차단하거나 콘텐츠 접근을 제한하고, 자동 재생·무한 스크롤 기능을 비활성화하도록 하는 조항도 포함되었다.

이러한 조치는 청소년의 표현의 자유나 기업의 경제적 이익보다 발달권과 건강권을 우선시하겠다는 입장 변화를 반영한다. 특히 소셜미디어 플랫폼의 중독 유도형 알고리즘 구조에 대해 정부가 직접 개입하기 시작했다는 점에서 중요한 전환점으로 평가된다.

호주: 원천적 차단과 학교 현장 개입

2024년, 호주는 16세 미만의 SNS 신규 계정 생성을 제한하는 법안을 통과시켰다. 청소년의 미성숙한 뇌가 감정과 현실 판단을 구분하지 못한 채 알고리즘 콘텐츠에 휘둘린다는 의학적 경고를 정책으로 수용한 것이다.

전국 모든 공립학교에서는 스마트폰 반입을 금지하고, 오프라인 놀이 시간을 장려하고 있다. 이처럼 가정-학교-법률이 삼각연합으로 작동하는 구조는 아동의 뇌를 보호하기 위한 사회적 합의를 보여준다.

핀란드: 디지털 시민 교육의 조기 도입

핀란드는 유치원부터 디지털 시민성 교육을 실시하고 있다. 기기를 무조건 제한하기보다, 어떻게 건강하게 사용할 것인지 스스로 판단하고 조절하는 능력을 기르는 데 중점을 둔다. 디지털 리터러시, 미디어 비판적 사고, 온라인상의 예절 등도 조기 교육의 주요 내용이다.

책 읽기와 자연 기반 놀이가 여전히 교육의 중심이며, 스마트 기기 도입은 학습 목적에 따라 연령별로 단계적이고 교육적으로 통제되고 있다. 이는 전통과 기술을 조화롭게 접목하는 핀란드식 균형 교육의 대표 사례다.

우리나라 정책은 어떠한가?

우리나라는 세계 최고 수준의 인터넷 보급률과 디지털 기기 접근성을 갖추고 있다. 그만큼 빠르고 깊숙이 일상에 파고든 디지털 폐해가 심각함에도 불구하고, 아동·청소년의 사용을 체계적으로 조절·관리할 수 있는 국가 차원의 제도적 장치는 많이 부족하다.

세계보건기구(WHO)의 스크린 타임 권고를 정책적으로 수용해 보건복지부, 교육부, 여성가족부 등에서 관련 지침과 교육 자료를 제작·배포하고 있지만, 실질적인 변화로 이어지기에는 한계가 크다. 부처별로 정책이 나뉘어 있어 통합적 추진이 어렵고, 법적 구속력이나 현장 적용을 위한 실행 매뉴얼도 부족하다. 무엇보다 정책이 있다는 사실조차 모르는 부모들이 대부분일 만큼 사회적 홍보와 실천 유도는 미비한 상태다.

결국 이 모든 책임은 가정과 아이에게 전가되고 있다. 스마트폰 사용을 두고 아이와 실랑이를 벌이다 결국 항복하는 부모, 혹은 유해함을 알면서도 어쩔 수 없다는 체념 속에 기기를 넘기는 가정이 적지 않다. 디지털 사용의 절제가 개인의 자제력에만 맡겨질 때, 변화는 요원하다.

이제는 방향이 바뀌어야 한다. 아동과 청소년의 디지털 노출 문제는 개인의 선택이나 양육 방식의 차원이 아니라, 사회 전체가 함께 풀어야 할 구조적 과제다. 국가 차원의 통합 정책, 실효성 있는 교육 개입, 그리고 가정·학교·지역사회가 연대하는 공동체 기반의 대응이 필요하다.

아이 양육의 천국, 호주 사례에서 배우는 것들

　20년 전, 대학 친구가 남편을 따라 호주로 이민을 갔다. 두 아들을 건강하게 키우며 유아교육 전문과정을 수료하고, 차일드케어센터에서 근무한 뒤 현재는 7년째 홈케어를 운영 중이다. 그녀는 호주 교육부 가이드라인에 따라 24~48개월 아이 4명을 돌보며, 자아감과 안정감, 신체·사회성·언어·지적 발달을 고르게 키우는 프로그램을 직접 설계하고 운영한다.

　이번 5월, 한국에 와서 우리 집에 머문 친구는 '아이 중심 양육'이 일상이 된 호주의 문화와 제도를 이야기해 줬다. 가장 감탄스러웠던 건 예술 활동에 대한 깊이였다. 국내에서는 민원이 걱정되어 기피하는 물감 놀이와 밀가루 반죽 놀이를 매주 진행하고, 거울과 사진을 보며 자기 얼굴을 그리고 가족을 표현하는 활동으로 자아감 형성을 돕는다. 이제 갓 두 돌이 넘은 아이인 만큼 연필 잡는 힘을 길러주기 위해 활동 전에는 선 긋기나 동그라미 그리기로 기초 운동 기능을 자연스럽게 준비시킨다.

　밀가루 반죽이나 점토 놀이는 아이들의 손의 힘과 창의력을 키우는 데 효과적이다. 직접 물감을 섞고 조형물을 만드는 이 과정을 매주 반복하고 있다. 아이들은 관찰력과 표현력이 자라며, 시간이 지날수록 결과물도 몰라보게 정교해진다. 무엇보다 인상 깊었던 건 아이를 재촉하지 않는 태도였다.

그녀는 그림책 읽기를 보육의 핵심으로 여긴다. 이야기 전달보다는 아이의 상상력과 표현력을 이끌어내는 데 더 많은 시간을 할애하고 있다. 호주 아이들의 풍부한 상상력과 적극적인 반응이 너무 놀랍고 사랑스럽다며, 행복한 미소를 감추지 못했다.

또 하나 감동적이었던 것은 자연과 함께하는 교육과 신체 활동이다. 아이들은 나뭇잎을 밟고, 달팽이알을 관찰하며, 메추리 부화를 함께 지켜본다. 야외에서 마음껏 뛰노는 시간도 중요한 일과의 일부다. 호주의 유아교육 가이드라인은 실내외 활동의 균형을 중시하며, 매달 아이의 발달 상태를 기록해 장점은 강화하고 부족한 부분은 보완하는 맞춤형 보육을 설계한다.

무엇보다 주목할 점은 국가 차원의 보육 철학과 제도적 기반이다. 2세 미만 유아에겐 스크린 노출을 금지하고, 2~5세도 제한적으로만 허용한다. 음악을 틀 때조차 태블릿은 영상이 보이지 않도록 엎어놓는다. 아이의 얼굴과 옷이 더러워지면 "오늘 정말 잘 놀았구나"라며 기뻐하는 부모들의 반응은, 아이 중심 양육이 일상화된 문화를 보여준다.

호주는 소득에 따라 교육비를 차등 지원하고, 보육 시스템도 잘 갖춰져 있다. 교육부는 각 시설이 가이드라인에 맞게 운영되는지를 철저히 관리·감독한다. 아이들은 양질의 보육 환경 속에서 성장하며, 학교에 진학해서도 입시 중심이 아닌 자기주도적 학습과 예체능, 사회적 활동을 충분히 누릴 수 있다. 부모에게도 아이에게도 교육 천국이라는 말이 낯설지 않은 이유다.

호주의 사례는 우리에게 단순한 육아 방식을 넘어, 어떤 사회가 아이를 진심으로 키우는가를 묻는다. 아이의 속도를 기다려 주고, 부모가 지치지 않도록 제도와 문화가 함께 붙드는 구조. 그 안에서 아이는 자기만의 리듬을 찾고, 부모는 죄책감 없이 기댈 수 있다.

아이를 키우는 건 결국 기다림이고, 그 기다림을 버텨낼 수 있게 해주는 건 혼자가 아니라는 확신이다.

03 가정에서 시작하는 디지털 디톡스

디지털 기기는 아이의 삶에 너무 빠르고, 너무 깊숙이 들어왔다. 부모에게는 육아의 부담을 덜어주는 도구처럼 보일 수 있지만, 과도한 노출은 아이의 뇌에 보이지 않는 흔적을 남긴다. 부모의 역할과 집안 분위기는 그만큼 중요하다. 뇌 발달을 교란하는 디지털 자극은 줄이고, 관계를 회복하는 디지털 디톡스, 이제 가정에서부터 강하게 시작해야 할 때다.

부모는 디지털 사용의 조율자이자 모델

아이는 말보다 행동을 보고 배운다. 스마트폰을 손에 든 채 대화하거나, 식사 중 알림음을 확인하고, 아이를 재우며 SNS를 보는 부모의 모습은 무의식적으로 아이의 기준이 된다.
실제로 부모들과 대화해 본 결과 현명한 부모들은 어린아이 앞에서 영상을 보지 않는다고 했다. 스마트폰을 재미없는 물건, 단순한 사진기 정도로 알아야 아이들이 관심을 두지 않기 때문이다. 초등 저학년 때까지는 키즈폰을 사주고 저녁 시간이 되면 잠기도록 설정해서 아이들의 핸드폰 관리에 신경 쓰는 부모들도 있었다.

식사 시간에는 TV와 스마트폰을 모두 끄고, 차량에서는 음악을 듣거나 대화를 나누는 시간으로 정하는 등 가정에서의 실천은 작지만 분명해야 한다.

그리고 사용 규칙은 아이와 함께 정하도록 한다. 영상은 하루 30분, 저녁 식사 후에만 보기, 함께 보고 이야기 나누기 등과 같은 구체적인 합의는 아이의 자율성과 자기조절력을 키워준다. 아이가 약속을 어겼을 땐 다음 날 핸드폰 사용 금지와 같은 제재를 일관되게 실천해서 약속을 이행하는 습관을 만들어줘야 한다.

디지털 제한 앱, 시각 타이머, 가족 공용 충전 장소 같은 환경적 장치도 효과적이다. 무엇보다 중요한 것은 일관성과 따뜻한 설명이다. "이건 너를 위해서야"보다는 "우리 뇌가 쉬어야 더 똑똑해질 수 있어"라는 말이 아이의 협력을 이끈다.

중고등학생 자녀를 둔 한 직장 동료는 밤 10시가 되면 가족 모두가 스마트폰을 거실의 약속된 장소에 함께 두는 습관을 실천하고 있다고 했다. 다른 동료는 비슷한 시도를 했지만, 아이가 반항하다가 마지못해 스마트폰을 갖다 놓는 듯하더니, 나중에 알고 보니 다른 폰을 몰래 사용하고 있었다며 한숨을 쉬었다. 요즘 군대에서도 이와 비슷한 문제로 골머리를 앓고 있다는 이야기를 들은 적이 있다. 이런 현실 속에서도 가족이 함께 건강한 디지털 사용 문화를 만들어가는 동료 가정이 부럽고 존경심까지 들었다.

아빠가 함께할 때, 가정의 공기가 달라진다

아빠의 육아 참여는 보편화되었지만, 감정 중심의 양육에 서툰 아빠와 공감력이 뛰어난 엄마 사이의 차이는 여전히 존재한다. 이 차이는 우열이 아닌 보완의 차이지만, 현실에서는 육아 부담이 여전히 여성에게 쏠리고, 디지털 사용에 대한 관점 차이는 종종 부부 갈등의 원인이 되기도 한다.

그러나 디지털 시대의 양육은 어느 한 사람에게만 맡기기엔 너무 벅찬 일이다. 특히 아이의 스마트폰 사용과 관련한 규칙은 가족이 함께 정하고 실천할 때 더 효과적이다. 아빠가 이 과정에 적극적으로 참여하면, 아이는 단순한 통제가 아니라 함께 만든 약속을 존중하게 된다.

주말에는 스마트폰을 내려놓고 함께 산책하거나 책을 읽고, 요리를 하는 아날로그 활동을 시도해 보자. "이번 주말엔 뭐 하고 놀까?"라는 아빠의 한마디가 아이의 일상과 관계의 온도를 바꾸는 시작이 될 수 있다.

연구에 따르면, 아빠가 몸으로 놀아주는 시간이 많을수록 아이의 사회성, 자존감, 도전 정신이 높아진다고 한다. 신체 활동과 정서 교류가 함께 이루어질 때, 아빠는 아이의 전두엽에 긍정적인 자극을 줄 수 있기 때문이다.

감정 교류와 일상의 리듬이 만드는 뇌의 균형력

스마트폰 영상에 몰입한 아이는 겉으론 조용해 보여도, 뇌는 정서적 단절과 과잉 자극을 동시에 경험한다. 감정을 표현하지 못한 아이는 외부 자극에 더 쉽게 의존하며, 이는 자기조절력이 아직 충분히 발달되지 않은 뇌의 불균형 신호다.

그래서 부모가 바쁜 일상 속에서도 하루 10분이라도 아이와 깊이 연결되는 시간이 꼭 필요하다. 눈을 바라보고 이름을 불러주며 "오늘 어땠어?", "무슨 일이 있었니?" 같은 질문으로 대화를 시작해 보자. 감정을 언어로 풀어주는 부모의 말은 전두엽과 변연계를 연결해 정서 안정과 자기조절의 기반을 만들어준다.

감정을 읽고 공감받는 경험은 아이가 자기감정을 인식하고 언어로 표현하는 능력을 키운다. 이는 단순한 위로를 넘어, 감정 조절 회로를 단단히 연결시키는 뇌 발달의 핵심이다. 결과적으로 충동이나 불안을 스스로 조절하고, 타인과의 관계도 건강하게 맺을 수 있다.

특히 아이들에겐 따뜻한 포옹, 반복적인 책 읽기, 몸으로 함께 하는 놀이가 깊은 정서적 안정감을 준다. 한편 사춘기 청소년에 겐 디지털 사용의 규칙을 함께 정하고 자율성을 존중하는 소통이 필요하다. 감정을 안전하게 표현할 수 있는 관계가 형성될 때, 진짜 연결이 시작된다.

이러한 정서적 기반 위에 일관된 일상 루틴이 더해지면, 아이는 더욱 안정감을 느끼고 자기주도적인 삶의 태도를 익히게 된다. 기상과 식사, 놀이와 독서, 디지털 사용과 수면 등 하루 흐름에 예측 가능한 구조를 갖추는 것은 자기조절력의 가장 좋은 훈련이다. 단순한 규칙보다 왜 필요한지를 함께 이야기하며 정한 약속은 아이의 내적 동기를 자극한다.

정서 교류 중심의 양육과 자율적 일상 루틴은 함께 맞물려 아이의 뇌에 '균형과 회복'의 구조를 세운다. 단 10분의 대화와 하루의 흐름이 아이의 평생을 지지할 감정의 뿌리가 된다는 걸 기억하며, 오늘부터 실천해 보자.

뇌 회복을 위한 운동, 수면, 영양, 물, 스트레스 관리

과도한 스마트폰 사용은 뇌의 피로를 누적시키고, 감정 기복과 집중력 저하를 유발한다. 이를 회복하는 데에는 운동, 충분한 수면, 균형 잡힌 영양, 수분 섭취, 그리고 스트레스 관리가 핵심 열쇠다.

운동은 전신 혈류를 증가시키고 해마와 전두엽 간의 연결을 강화한다. 이는 기억력과 감정 조절 회로를 활성화하고, 스트레스에 대한 뇌의 회복력을 높이는 데 도움을 준다. 매일 30분 이상 걷기, 줄넘기, 실내체조, 공놀이 등은 뇌 기능을 회복시키는 자연스러운 해독제이며, 기분을 안정시키는 데도 효과적이다.

수면은 뇌가 하루 동안 축적된 신경 활동의 부산물을 제거하고, 시냅스를 재조정하며, 기억을 정리·강화하는 신경 정비 시간이다. 미국수면재단이 권고하는 연령별 수면 시간에 따르면, 유아는 하루 10~13시간, 초등학생은 9~12시간, 청소년은 8~10시간, 성인은 평균 7~9시간의 숙면이 필요하다. 이 기준은 단순한 권장이 아니라, 두뇌 발달, 기억력, 정서 안정, 면역력 유지에 필수적인 생존의 리듬을 위한 과학적 지침이다.
 잠들기 전 최소 1시간은 스마트폰이나 TV, 태블릿 등 디지털 화면을 멀리하는 환경을 조성하는 것이 권장된다.

영양은 뇌세포의 성장과 신경전달, 면역력 유지에 필수적인 요소이며, 뇌와 신체 건강을 동시에 지탱하는 생명의 연료다. 대한소아청소년과학회는 곡류군, 어육류군, 채소군, 과일군, 유제품군이 균형 있게 매일 섭취되어야 한다고 강조한다. 이는 뇌세포막의 유연성과 정보 전달 회로를 강화하고, 신경전달물질의 원료가 되기 때문이다. 특정 식품에 대한 거부감이 있는 경우에는 조리법을 바꾸거나 대체식·보충제를 활용해 결핍을 방지하는 것이 중요하다.

물도 간과할 수 없는 요소다. 수분은 대사, 체온 조절, 노폐물 배출 등 전신 건강은 물론, 뇌 내 신경 전달과 해독 작용에도 핵심적인 역할을 한다. 충분한 수분 섭취는 집중력과 기억력을 높이고, 스트레스와 피로를 줄이며 뇌세포를 최적의 상태로 유지한다. 갈증을 느끼기 전 수시로 물을 마시는 습관이 필요하다.

스트레스 관리 또한 매우 중요하다. 과한 스트레스는 연령을 불문하고 뇌에 부정적인 영향을 미친다. 아동기는 코르티솔 과잉 분비로 인해 해마와 전전두엽의 발달이 억제될 수 있으며, 이는 정서 조절과 학습 능력 저하로 이어질 수 있다. 특히 방임, 정서적 폭력, 과도한 조기 학습 등은 심리적 부담으로 작용해 뇌 발달에 부정적 자극이 될 수 있다. 일상 속에서 스트레스를 인식하고 조절하는 노력이 반드시 필요하다.

무엇보다도 온 가족이 건강한 생활 습관의 중요성을 인식하고, 함께 실천할 수 있는 환경을 만드는 것이 중요하다. 습관은 뇌의 기저핵과 도파민 보상 회로에 의해 형성되며, 연구에 따르면 새로운 행동이 자동화되기까지 평균 66일, 즉 약 두 달간의 꾸준한 반복이 필요하다.

창의성과 공감력을 키우는 놀이와 독서

놀이는 아이의 뇌를 발달시키는 자연스러운 과정이다. 마음껏 뛰어놀 수 있는 시간과 공간을 마련해 주는 것은 건강한 뇌 발달에 꼭 필요하다. 몸을 움직이며 감정을 표현하고, 타인과 관계를 맺는 과정에서 뇌의 여러 영역이 동시에 활성화되고, 창의력 또한 자연스럽게 자라난다. 특히 가족이 함께하는 놀이는 아이에게 관계의 안정감과 정서적 유대감을 형성해 주며, 전두엽 기능과 자기조절력의 기초를 다져준다.

연후맘 김복실의 『엄마표 미술놀이』를 넘기며, 아이와 잘 놀아주는 일도 결국 부모의 정성과 공부가 필요하다는 것을 새삼 깨달았다. 다양한 방식으로 놀이에 참여해 주는 부모를 만난 아이는 얼마나 행복할까. 실제로 애착 이론에 따르면, 부모와의 안정적인 놀이 경험은 아이의 정서적 안정성과 자기조절능력 발달에 직접적인 영향을 미친다. 미국의 소아정신과 브루스 페리 박사는 "아이의 뇌는 사랑받는 경험과 반복된 상호작용을 통해 발달한다"라고 강조했으며, 하버드대 발달과학센터 또한 양질의 놀이 경험이 아동의 전전두엽 기능을 강화한다고 보고했다. 일상에서

오수아

　예전의 우리는 부모라는 환경으로부터 적절한 돌봄을 받지 못해 아팠다. 그러나 지금은, 스마트폰이라는 과도한 친절이 오히려 우리를 아프게 하고 있다. 네모난 세상에서의 끊임없는 연결은 서로를 놓지 못하게 만들고, 그 안에서 심리적 거리와 여유는 점점 사라졌다. 지금 우리는 넘쳐서 아픈, 불안한 시대를 살고 있는 것이다. 읽고, 쓰고, 질문하기를 통해 사랑하는 방식의 균형을 다시 잡아야 한다.

정은경

　상담과 교육 현장에서 책과 향기를 매개로 몸·마음·뇌의 통합적 회복의 길을 연구해 왔다. 스마트폰에 뇌를 잃은 시대, 책은 다시 길이 된다. 스마트폰이 뇌와 감정에 어떤 영향을 주는지, 그리고 어떻게 회복할 수 있는지를 담은 이 책이 교육과 강의 현장에서 널리 활용되어 많은 이들에게 회복과 연결의 언어가 되기를 바란다.

이은와

　디지털 블랙홀, 이대로 괜찮을까?
　밥도 잠도 미루고 스마트폰에 빠진 아이들과 우리 모습을 보며 위기의식을 느낀다. 전문가들은 디지털 과잉 노출이 특히 유아·청소년의 뇌 발달과 정신 건강에 치명적이라며, 개인은 물론 가정·학교·국가가 함께 나서야 한다고 강조한다.
　33년간 위기를 다뤄온 소방관이자 엄마, 독서심리전문가로서 같은 생각이다. 회복의 열쇠는 느림, 관계 그리고 책에 있다. 이 책이 그 실마리가 되길 바란다.

혜로운 독자들께서 부디 사랑 담아 써 내려간 속마음을 찾아내 주시어 모두가 조금이라도 혜(慧)답에 가까워져 갈 수 있기를 바란다.

정아영

그저 책이 좋았다. 책을 열면 만져지는 종이 질감과 쿰쿰한 잉크 냄새가 좋아서 책에 고개를 파묻고 있는 시간이 많았다. 독서지도사로 아이들과 수업하는 게 재밌었고 현재는 독서심리상담을 공부하고 있다. 그럼에도 나조차도 폰으로부터 자유롭지 못하다. 디지털이 주는 역기능의 폐해는 누구나 겪고 있고 피해 갈 수 없는 사회적 문제다. 혼자 고민하지 말고 함께 드러내 놓고 이야기하자. 이 책을 통해 함께 고민해 볼 수 있기를 바란다.

에필로그

정경자

  꽉 채운 이십 년, 책과 함께 걸어온 시간이었다.

  낮에는 사람들의 이야기에 귀 기울이고, 밤에는 좋은 책과 이야기들을 찾아 마음속이 분주했다. '나와 너, 그리고 우리'를 잇는 사랑의 끈을 오래도록 엮어가며 살아왔다.

  요즘은 뇌과학을 바탕으로 한 독서심리상담을 함께 공부하며, 창작의 기쁨과 고뇌를 나누고 있다. 한 권의 책이 사람과 사람 사이를 이어주는 촘촘한 다리라는 것을 알았다. 이 글을 읽는 당신도 그 든든한 마음을 함께 느껴보면 좋겠다.

서로

  살다 보면 아무리 해도 답 없어 보이는 일들이 있다. 핸드폰 갈등은 한 아이의 엄마이자 교사로서 내겐 그렇게도 답 내기 힘든 어떤 것이었다. 꽤 오랜 시간, 이 갈등을 안고 품으며 나름의 혜(慧)답을 얻기 위해 노력했던 것 같다. 독서심리를 공부해 온 지금, 아주 조금은 빛살이 보이는 것도 같다. 인지적 작업만으로 인간은 변화하지 않는다. 지식과 정보가 가득 담긴 책 속에서도 지

9	목표설정	목표를 설정하고 계획 세우기 - 목표설정 워크시트 작성 - 단기 및 장기 목표 계획 세우기	
10	실패와 수용	실패를 받아들이고 다시 일어서는 법 - 실패 사례 나누기 - 실패에서 배우는 교훈 공유	
11	자기조절	감정과 행동을 스스로 조절하기 - 감정 조절 활동(호흡법, 명상) - 자기조절 게임	
12	자신감과 자아 확립	자신감을 키우고 자아를 확립하기 - 자신감 증가 활동(칭찬 카드) - 내가 자랑스러운 점 나누기	

〈표〉 청소년 주제별 독서심리상담 프로그램 실제

회기	주제	활동 내용 & 세부 활동
1	자아 탐색	자기 이해와 자아 존중감 형성 - 나의 가치 찾기 - 내 강점과 약점 나누기
2	감정 인식	다양한 감정을 이해하고 표현하기 - 감정 일기 작성하기 - 감정 카드를 통해 감정 표현하기
3	스트레스 관리	스트레스를 이해하고 해소 방법 배우기 - 스트레스 다이어리 쓰기 - 스트레스 해소법 실습(호흡법 등)
4	대인관계	건강한 대인관계 형성하기 - 대화 및 경청 연습 - 나의 친구에게 편지 쓰기
5	분노 조절	분노를 건강하게 조절하는 방법 배우기 - 분노 조절 연습(호흡법, 감정 다루기) - 역할극을 통한 갈등 해결
6	자아 존중감	긍정적인 자아 이미지 형성 - 긍정적 자기 칭찬 연습 - 자아 존중감을 높이는 활동
7	의사소통	효과적인 의사소통 기술 배우기 - 비폭력 대화 훈련 - 경청과 감정 표현 연습
8	갈등 해결	갈등을 건강하게 해결하는 법 배우기 - 갈등 상황 역할극 - 갈등 해결 방법 찾기

〈표〉 초등 고학년 주제별 독서심리상담 프로그램 실제

회기	주제	활동 내용 & 세부 활동
1	자기 이해, 내면 탐색	자기 탐색 워크숍 – '내 마음의 감옥'에 대한 토론, 내면 독백 쓰기
2	대인관계, 소통	대인관계 스킬 연습 – 친구와 소통하기 연습, 상황별 대처법
3	두려움 극복	두려움 극복 사례 나누기 – 두려움 경험 공유, 용기 내기 계획
4	자아 정체성	자아 정체성 탐색 – '내 안의 나' 자화상 그리기, 자기소개
5	분노 관리법	분노 관리 실습 – 분노 일기 쓰기, 감정 조절 기법 배우기
6	긍정심리	긍정심리 강화 활동 – 감사 일기, 긍정 메시지 작성
7	감정 조절	감정 조절 훈련 – 마음 챙김 명상, 감정 파도 표현하기
8	자아 존중	자아 존중 증진 – '나답게 살아가기' 주제 글쓰기 및 토론
9	협력과 공감	협력과 공감 게임 – 팀워크 게임, 공감 연습
10	스트레스 대처	스트레스 해소법 배우기 – 스트레스 체크리스트 작성, 대처법 계획
11	다양성 수용	다양성 존중 워크숍 – '다름'을 이해하는 역할극, 토론
12	자기 보호	자기 보호 전략 세우기 – '내 마음의 안전벨트' 만들기, 자기주장 훈련

〈표〉 초등 저학년 주제별 독서심리상담 프로그램 실제

회기	주제	활동 내용 & 세부 활동
1	자기인식, 감정 이해	책 읽기 및 감정 나누기 – 책 읽고 등장인물 감정 맞추기, 나의 감정 이야기하기
2	위로와 용기	감정 표현 미술 – '내 마음 나무' 그리기, 마음 색칠하기
3	자아 정체성 탐색	역할극 – '나는 누구일까?' 역할극 진행
4	우정, 사회성	친구 관계 탐색 – 친구와 대화하기, 우정 이야기 나누기
5	분노 조절	분노 조절 방법 배우기 – 분노 신호 체크리스트, 호흡법 실습
6	긍정 정서	긍정 감정 카드놀이 – 행복한 순간 카드 고르기 및 이야기하기
7	용기, 도전	용기 주제 토론 – 용기 낸 경험 말하기, 격려 카드 쓰기
8	슬픔, 감정 수용	슬픈 감정 다루기 – 슬픈 표정 만들기, '슬플 때 어떻게 하지?' 대화
9	자기효능감	자기효능감 키우기 – '내가 잘한 일' 나누기, 칭찬 편지 쓰기
10	감정 다양성 이해	감정 다양성 표현 – 여러 감정 그림 그리기, 감정 일기 쓰기
11	다양성 존중	다양성 존중 활동 – '다른 친구 이해하기' 역할극, 존중 약속 만들기
12	자아 보호, 자기주장	자기 보호 훈련 – '내가 나를 지키는 방법' 이야기 나누기, 자기주장 연습

9	갈등 해결	친구와 싸울 때 어떻게 할까? - 갈등 해결 역할놀이 - 친구와의 대화 연습
10	자기조절	감정을 차분하게 다루기 - 감정 차분하게 다루기 놀이 - 자아 안정 게임
11	긍정적 사고	행복한 마음 만들기 - 행복한 순간 그리기 - 긍정적인 말하기 연습
12	감사와 배려	감사의 마음 기르기 - 감사 카드 만들기 - 감사의 마음 나누기

〈표〉 유아 주제별 독서심리상담 프로그램 실제

회기	주제	활동 내용 & 세부 활동
1	자기 존중감	나를 소중하게 생각하기 – 나의 얼굴 그리기 – 나의 장점 이야기 나누기
2	감정 인식	감정 알아보기 – 감정 얼굴 카드 만들기 – 감정 그림 그리기
3	우정과 협력	친구와 함께하는 기쁨 – 협력 놀이(블록 쌓기 등) – 친구 역할놀이
4	분노 조절	화가 날 때 어떻게 할까? – 화난 얼굴과 차분한 얼굴 그리기 – 호흡법 연습
5	스트레스 관리	마음을 안정시키는 법 – 스트레스 완화 놀이(공기놀이) – 마음을 가라앉히는 노래 부르기
6	자아 존중감	나는 소중한 존재 – 칭찬 카드 만들기 – 나의 멋진 점 나누기
7	감정 표현	내 마음을 말해요 – 감정 그림 그리기 – 감정 얼굴 연기하기
8	나와 다른 사람	타인의 감정을 이해하기 – 감정 카드 게임 – 감정 나누기 활동

06 주제별 독서심리상담 12회기 프로그램 실제

　아이들은 이야기를 통해 자신의 마음을 말하고, 타인의 마음을 이해한다. 주제별 독서심리상담 프로그램은 책을 매개로 하여 아이들이 자신의 감정을 표현하고, 또래와의 관계를 돌아보며, 더 건강한 자아로 성장할 수 있도록 돕기 위해 구성되었다.
　참여자의 발달 수준과 심리적 요구에 맞추어 회기마다 감정, 관계, 자아, 가족 등 심리·사회적 주제를 중심으로 그림책과 이야기책을 함께 읽고 나누며, 말하기·쓰기·그리기·역할놀이 등 다양한 활동으로 확장한다. 이는 단순한 독서나 독후 활동을 넘어, 책을 마음의 거울로 삼고 감정을 안전하게 표현하고 정서적 회복과 통찰을 경험한다.
　다음 주제별 독서심리상담 프로그램 실제 구성은 참여자 상황에 따라 변경할 수 있다.

〈표〉 청소년 발달단계별 예방 중심 프로그램 실제

회기	핵심 영역	활동 목적·독서 자료·활동 내용
1	자기 인식	자아 탐색과 자기 인식의 시작 자아 존중감 『나는 나를 돌봅니다』(박진영) – 나의 강점과 약점 나열하기 – '나를 아는 시간' 자기 탐색 활동
2	감정 조절 전략	감정 인식 및 표현의 연습 감정 조절 『화내는 게 나쁜 건가요?』(문지현, 김수경) – 감정 온도계 만들기 – 감정 표현 롤플레잉
3	상황 행동 갈등	갈등 해결 및 또래 관계 향상 대인관계 기술 『나랑 친구할래?』(최숙희) – 갈등 상황에서의 해결책 찾기 – 의사소통 게임(경청 및 공감 훈련)
4	마음 챙김	마음속 고민 털어놓기 『십 대를 위한 쓰담쓰담 마음 카페』(김은재) – 고민 상담소 운영하기 – 고민 해소 활동(명상, 호흡법 등)
5	삶 존재	삶의 과정 중심 『매미 씨, 드디어 오늘 밤입니다』(구도 노리코) – 어제와 다른 오늘의 나
6	자기 효능	자신감을 높이고 긍정적인 미래를 그리기 목표 설정 및 미래 지향 『날고 싶지 않은 독수리』(제임스 애그레이) – 목표 설정 워크시트 작성 – 나의 미래 이미지 그리기

〈표〉 초등 고학년(4~6) 발달단계별 예방 중심 프로그램 실제

회기	핵심 영역	활동 목적·독서 자료·활동 내용
1	자기 인식	나를 소개하고 자기 이해 『파랗고 빨갛고 투명한 나』(황성혜) - 감정 얼굴 만들기 - 자기소개 카드 만들기 - 감정 단어 나열하기
2	감정 인식	감정을 구체적으로 표현하는 연습 『감정 서커스』(리디아 브란코비치) - 감정 온도계 만들기 - 감정 일기 쓰기
3	행동 반응 인식	제대로 사과하는 방법 『사과는 이렇게 하는 거야』(데이비드 라로셀) - 언제, 왜, 어떻게 사과하지? - 사과 편지 쓰기
4	연대	나와 너 그리고 우리, 건강한 연대 『긴긴밤』(루리) - 건강한 환경(사람, 동물) - 비경쟁 공유지 만들기 활동
5	마음 챙김	스트레스 인식하고 건강하게 해소하기 『지우개 따먹기 법칙』(유순희) - 지우개 따먹기 게임 - 내가 만든 게임(놀이)
6	자기 수용	자기 존중감 키우고 긍정적인 자기인식 『나, 꽃으로 태어났어』(엠마 줄리아니) - 나의 강점 꽃 만들기 - 나에게 편지 쓰기

〈표〉 초등 저학년(1~3) 발달단계별 예방 중심 프로그램 실제

회기	핵심 영역	활동 목적·독서 자료·활동 내용
1	마음 열기	O/T, 나, 관계 형성 『착한 달걀』(조리 존) - 나의 기분 나무 그리기
2	감정 표현	감정 인식과 표현 연습 『내 마음은 알록달록해』(메리엄 게이츠) - 감정 카드로 감정 이야기 나누기
3	분노 다루기	분노 이해와 조절 전략 익히기 『나 진짜 화났어!』(폴리 던바) - 나의 화 이야기 쓰기, 감정 조절 기술 배우기
4	친구 관계	사회성 증진, 공감 능력 향상 『친구 자판기』(조경희) - 관계 맺기 역할극 - '내가 바라는 친구' 편지 쓰기
5	불안과 용기	불안 다루기, 자기효능감 강화 『겁쟁이 빌리』(앤서니 브라운) - 걱정 괴물 만들기, 용기 있는 나 상상하기
6	나 돌아보기	통합 정리, 정서적 마무리 및 강화 『브로콜리지만 사랑받고 싶어』(별다름, 달다름) - 나에 관한 책 만들기, 소감 나누기

〈표〉 유아용(4~6세) 발달단계별 예방 중심 프로그램 실제

회기	핵심 영역	활동 목적·독서 자료·활동 내용
1	자기 표현	자기인식과 긍정적인 자기 이해 『"네 이름이 뭐라고?!"』(케스 그레이) - 나의 얼굴 그리기 - 나의 이름 카드 만들기
2	감정 표현	같이 나누고 더 재밌어지는 말 『너에게 주는 말 선물』(이라일라) - 친구랑 있어 행복해 - 말 선물 카드, 말 선물명
3	사회성	사회성 및 협력 『달걀 탈출 놀이』(조리 존) - 협력 놀이(블록 쌓기 등) - 친구 역할 놀이
4	대화	비폭력 대화법 『내가 말할 차례야』(크리스티나 테바르) - 토크마우스 만들기(책 속 그림 활용) - 비폭력 대화 연습하기
5	안정감	스트레스 해소 및 안정 찾기 『안녕, 마음아』(표영민) - 스트레스 완화 놀이(공기놀이) - 마음을 가라앉히는 노래 부르기
6	자기 긍정	자아 존중감 및 긍정적 사고 『넌 정말 멋져』(미야니시 타츠야) - 칭찬 카드 만들기 - 나의 멋진 점 나누기

05 발달단계별 예방 중심 6회기 프로그램 실제

예방 중심 독서심리상담 프로그램은 유아부터 청소년에 이르기까지 발달단계별 특성과 정서적 요구를 고려하여 설계된 통합 프로그램이다. 책을 매개로 감정을 탐색하고, 관계의 문제를 들여다보며, 위험 행동을 사전에 인식하고 건강하게 대처할 수 있도록 돕는 것이 목표이다. 책 속 이야기와 인물에 감정 이입하며, 참여자는 자연스럽게 자기 내면을 인식하고 정서적 회복력과 자기 보호 능력을 향상한다.

다음 발달단계별 예방 중심 독서심리상담 프로그램 실제 구성은 참여자 상황에 따라 변경할 수 있다.

자기 탐색 글쓰기, 감정 일기, 명상 안내 자료 등으로 구성되어 학생들이 자신의 심리 상태를 체계적으로 점검하고 성장할 수 있게 돕는다.

청소년용 독서심리상담 프로그램

자아 정체성 확립과 심리적 독립이 중요한 시기이므로, 심리적 문제를 깊이 다루면서 동시에 현실적 고민 해결에도 초점을 맞춘다. 첫 회기는 『빨간 열매』(이지은), 『미움받을 용기』(기시미 이치로, 고가 후미타케)와 같은 자아 탐색 도서로 시작하여 자기 이해를 돕는다.

이후 『관계의 힘』(레이먼드 조), 『죽고 싶지만 떡볶이는 먹고 싶어』(백세희), 『뭐든 해 봐요』(김동현) 등 구체적인 주제를 담은 도서들을 읽고, 집단 토론과 심층 대화를 통해 생각을 정리한다.

독후 활동에는 오늘의 감정 색깔 고르기, 5년 후 나에게 편지 쓰기, 책 속 한 문장 필사하고 내 생각 덧붙이기, 나만의 명언 카드 만들기 등이 포함되어 청소년들이 재미있게 자신의 생각과 감정을 표현할 수 있도록 지원한다.

로 자기주장 연습과 자기 보호 방법을 익혀 스스로 마음을 지킬 수 있도록 돕는다. 독후 활동에는 감정 카드, 칭찬 편지, 감정 일기 등 활동지가 포함되어 아이가 일상에서 지속해서 자신의 감정을 다룰 수 있게 지원한다.

초등 고학년용 독서심리상담 프로그램

논리적 사고와 자기 성찰이 깊어질 수 있도록, 자아 탐색과 대인관계 주제를 다룬다. 『점』(피터 레이놀즈)을 시작으로 자신의 내면에 대해 탐색하고, 『적』(다비드 칼리 글, 세르주 블로크 그림)을 통해 또래와의 관계와 소통 기술을 배운다.

프로그램 중간에는 『친구 때문에 기분이 이상해!』(에일린 케네디 무어, 크리스틴 맥러플린), 『감정 부자가 된 키라』(최형미)와 같은 도서를 읽고 감정 조절 기법, 마음 챙김 명상 등을 실습한다. 『까만 크레파스와 요술기차』(나카야 미와)와 같은 도서로 자아 존중감을 키우고, 『으뜸 헤엄이』(레오 리오니)에서는 협력과 공감 능력을 키우는 팀워크 활동을 진행한다.

스트레스 관리, 다양성 존중, 자기 보호 기술도 포함하여 청소년기의 복합적인 정서 문제에 대응하도록 설계한다. 독후 활동은 모든 회기마다 『네 기분은 어떤 색깔이니?』(최숙희)의 감정 색깔 개념을 활용해 아이가 자신의 감정을 색과 그림으로 쉽게 인식할 수 있도록 구성하며, 부모가 참여하는 회기도 포함해 가정에서도 정서 표현을 지속할 수 있도록 과제를 부여한다.

초등 저학년용 독서심리상담 프로그램

초등 저학년 시기는 자아 정체성과 사회성 발달이 활발한 시기이므로, 감정 인식부터 자기효능감 증진까지 순차적으로 진행된다. 첫 회기에는 『마음이 아플 때 따라 해 봐!』(휘트니 스튜어트)를 읽으며 자신의 마음 상태를 탐색하고, 감정 색칠하기 활동으로 감정을 구체화한다. 3회기부터는 역할극을 통해 자신과 타인의 감정을 이해하고 표현하는 연습을 한다.

중반에는 『화가 나면 어떡하지?』(쓰무파파)나 『사자가 작아졌어!』(정성훈)와 같은 도서를 활용해 분노 조절법을 배우고, 호흡법을 실습한다. 후반부에는 『나는 나의 주인』(채인선), 『서로 다르지만 우리는 모두 친구야!』(트레이시 터너) 등 도서로 자존감과 다양성 존중을 키운다.

마지막 회기에는 『'좋아요'와 '싫어요'를 넘어』(여은호, 원숙경)

04 대상별 적용 프로그램 구성안

유아용 독서심리상담 프로그램

유아용 프로그램에서는 감정을 인식하고 표현하는 기초를 쌓는 시기이므로, 그림책과 놀이를 중심으로 진행된다. 첫 회기에는 사랑과 안정감을 주제로 『엄마 마중』(이태준 글, 김동성 그림)을 함께 읽으며 아이가 느끼는 안전한 감정을 탐색한다. 이후 분노, 슬픔, 기쁨 등 기본 감정을 주제로 각기 다른 그림책을 읽고, 역할놀이와 그림 그리기를 통해 감정을 경험하고 표현하도록 돕는다.

예컨대, 『화가 나』(강경수)를 읽고 화가 났을 때 어떻게 행동하는지 표현해 보며 감정을 이해하게 한다. 또한, 『행복을 나르는 버스』(맷 데 라 페냐)를 읽고 행복감을 그림으로 표현해 긍정 정서를 강화한다.

며, 읽기 후 감정 나누기, 감정 카드 사용, 그림일기, 나만의 이야기 만들기 등을 활용한다. 아동의 자존감과 자기표현 능력을 높이는 데 중점을 둔다.

초등 고학년(4~6학년) 시기는 논리적 사고와 자기 성찰 능력이 높아지기 시작한다. 청소년 문고나 주제 중심의 이야기책을 사용해 '자아 정체감', '관계 갈등', '스트레스' 등 복합 감정을 다룬다. 북 토킹 활동, 질문-답변 방식의 대화, 짧은 에세이 쓰기 등을 통해 자기 생각을 깊이 있게 탐색하고 표현하도록 이끈다. 또래 관계에서의 상처나 가족 내 긴장 등 현실적인 주제를 반영해 심리적 해소와 해결 전략을 모색한다.

보호자 동반 프로그램에서는 아이와 보호자가 함께 참여하는 독서 활동을 통해 정서적 유대감을 회복하고 상호 이해를 높인다. 공감 중심의 질문, 감정 나누기 카드, 함께 그리는 가족 그림책 등으로 감정 소통을 자연스럽게 유도한다. 특히 스마트폰 과의존, 학습 스트레스 등 민감한 주제를 간접적으로 다루기에 효과적이다.

03 대상별 맞춤 프로그램 설계 가이드

독서심리상담은 참여자의 발달단계와 정서적 필요에 따라 접근 방식이 달라진다. 나이와 상황에 맞게 독서 자료, 대화의 깊이, 활동 형태를 조정하여 참여자의 몰입도와 효과성을 높인다.

유아기(만 4~6세)에는 상징적 사고가 발달하는 시기로, 그림책을 중심으로 한 짧고 반복적인 이야기를 사용하여 감정을 인식하고 표현하는 기초 능력을 기른다. 역할놀이, 인형극, 그림 표현활동을 활용하여 이야기 속 감정을 경험하고 표현할 수 있도록 돕는다. 주로 '무서움', '화남', '사랑' 등의 기본 감정을 중심으로 다루며, 부모와의 참여를 병행할 때 효과적이다.

초등 저학년(1~3학년)에는 타인의 관점을 조금씩 이해하기 시작하며, 책 속 등장인물과의 감정 이입이 가능하다. 짧은 동화나 창작동화를 통해 '실수', '용기', '두려움', '우정' 등의 주제를 다루

02 독서심리상담 프로그램 실제

 독서심리상담 프로그램은 참여자의 발달단계와 정서적 요구에 맞춘 맞춤형 활동으로 구성된다. 기본적으로 1회기는 50분 정도를 권장한다. 참여자의 이슈에 따라 단기(약 3개월), 중기(약 6개월), 장기(12개월 이상) 등 만남을 통해 점진적인 변화와 성장을 도모한다. 한 회기에는 책 읽기, 감정 나누기, 주제 중심 대화, 창의적 표현활동(그림 그리기, 글쓰기, 역할극 등)이 통합되어 진행된다.

 독서 자료는 참여자의 정서와 관심에 따라 달라지며, 책 속 인물과 상황에 공감하며 자신의 감정을 투사하고 탐색할 수 있도록 돕는다. 보호자와 상담자는 아이의 반응을 민감하게 관찰하고, 필요한 심리적 지지와 개입을 통해 정서적 안정감을 형성한다. 이러한 과정을 통해 참여자는 자신을 이해하고 표현하는 힘을 기르게 되며, 상담자나 보호자와의 관계도 한층 깊어진다.

것이다.

　현대의 아이들은 빠르게 변화하는 환경 속에서 정서적 혼란과 심리적 긴장을 겪기 쉬우며, 감정을 표현하고 소통하는 데 어려움을 느끼는 경우가 많다. 특히 스마트폰과 미디어에 노출된 채 대화를 줄여가는 일상 속에서, 아이의 마음을 깊이 들여다보는 기회는 점점 줄어들고 있다. 이런 시대일수록 책이라는 매개는 아이가 안전하게 자신의 감정을 표현하고, 부모나 상담자와 정서적으로 연결될 수 있는 소중한 통로가 된다. 독서심리상담은 아이가 겪는 불안, 분노, 상실, 자존감 저하 등의 감정을 따뜻하게 다루며, 정서적 회복과 심리적 안정, 자기 이해와 성장을 돕는 효과적인 방법이다.

01 마음 북(BOOK)돋움

 서로 마주 앉아 함께 읽는 일은 단순한 독서 그 이상이다. 책 속 이야기에는 우리의 마음을 비치는 거울이 있고, 함께 나누는 대화에는 마음의 문을 여는 열쇠가 있다. 독서심리상담은 책을 매개로 참여자의 감정과 생각을 자연스럽게 끌어내고, 그 마음에 따뜻하게 다가가는 이해와 치유의 과정이다. 책이라는 안전한 도구를 통해 참여자의 내면과 소통하고, 건강한 정서 발달과 긍정적인 변화를 이끌 수 있다.

 참여자는 책 속 인물과 상황을 통해 자기의 감정을 투사하고 표현하며, 안전한 대화 속에서 자신을 돌아보고 성장할 기회를 얻게 된다. 이 프로그램은 단순한 독서 활동이 아닌, 마음을 연결하고 정서를 조율하는 심리적 소통의 장으로 설계된다. 참여자의 마음에 온기를 넣어주고, 나아가고자 하는 방향을 향해 빛을 비추고자 하는 분들에게 독서심리상담은 의미 있는 도구가 되어줄

Q8. 부모도 함께 참여할 수 있나요?

A. 네. 필요에 따라 부모님과 함께하는 상담도 가능합니다. 부모-자녀가 함께 책을 읽고 마음을 나누는 활동은 관계 회복에 많은 도움이 됩니다.

Q9. 상담을 받으면 어떤 점이 좋아지나요?

A. 자신을 이해하고 감정을 표현하는 능력이 높아지고, 친구와의 관계도 더 편안해집니다. 자존감이 자라고 스트레스가 줄어드는 효과도 기대할 수 있어요.

Q10. 상담이 끝난 후에도 도움이 될까요?

A. 네. 상담이 끝난 후에도 책을 통해 자신을 돌아보는 습관이 생기고, 내 마음을 잘 돌보는 힘이 자랍니다. 책과 함께하는 마음 여행은 계속될 수 있어요.

Q4. 상담 시간에는 무엇을 하나요?

A. 회기마다 책을 읽고 난 후, 자기의 생각과 느낌을 이야기하거나 그림 그리기, 만들기, 역할극 등의 활동을 합니다. 모든 활동은 강요 없이, 참여자의 속도에 맞춰 자유롭게 진행됩니다.

Q5. 몇 번 정도 상담을 받게 되나요?

A. 일반적으로 4회기, 8회기, 12회기로 구성되며, 프로그램 목표나 참여자의 필요에 따라 조정될 수 있습니다.

Q6. 고민이 꼭 있어야 참여할 수 있나요?

A. 그렇지 않아요. 특별한 고민이 없어도 괜찮습니다. 내 마음을 더 잘 알고 싶은 사람, 친구 관계가 어려운 친구, 감정 표현이 서툰 사람, 그저 책을 통해 위로받고 싶은 누구나 참여할 수 있습니다.

Q7. 내가 말한 내용이 다른 사람에게 알려지진 않나요?

A. 걱정하지 않으셔도 됩니다. 상담에서 나눈 모든 이야기는 비밀이 보장됩니다. 안전하고 신뢰할 수 있는 분위기에서 진행됩니다.

독서심리상담 프로그램 참여자의 Q&A

Q1. 독서심리상담이란 무엇인가요?

A. 독서심리상담은 책을 함께 읽고 이야기하면서, 자신의 감정과 생각을 표현하고 이해하는 과정을 통해 마음을 돌보고 성장할 수 있도록 돕는 상담입니다. 책 속 이야기에서 나를 발견하고, 말로 하지 못한 마음을 안전하게 표현할 수 있어요.

Q2. 어떤 독서 자료를 읽게 되나요?

A. 참여자의 나이와 감정 상태, 관심사에 따라 상담자가 알맞은 책을 선정합니다. 그림책, 동화책, 청소년 소설, 소설, 자기 계발서, 시, 신문, 명화 등 다양한 독서 자료를 활용하며, 이야기의 감동이나 메시지가 중요한 기준이 됩니다.

Q3. 책을 읽기 싫어하는 아이도 참여할 수 있나요?

A. 네, 물론입니다. 책을 직접 읽지 않아도 이야기 듣기, 그림 보기, 활동 참여를 통해 충분히 함께할 수 있어요. 독서보다 중요한 건 '마음을 나누는 시간'이므로 가능합니다.

9장.
독서심리상담 프로그램 가이드

책을 읽고 이야기 나누는 시간은,
긍정적인 변화를 이끄는 소중한 열쇠이다.

3	믿음, 기대감	자기확신	수동에서 능동으로 해서 의연함	풀/김수영
4	감정 속으로	정서 표현	감정 시나리오, 시 창작	흔들리며 피는 꽃/도종환
5	떠올리면 기분 좋은 말	역동적인 정서	기분 좋은 말 떠올리기, 소리 내어 말해보기, 온 몸으로 느껴보기	말의 힘/황인숙
6	생명력과 의지	절망 극복	나와 담쟁이 그 사이 벽 뛰어넘기	담쟁이/도종환
7	주변 속 숨겨진 보물	행복 찾기	순수한 장소에서 찾은 행복, 주변에 있을 행복	행복/허영자
8	마음의 연결	내면 안정	시 감상 후 나의 마음 쓰기	마음의 일/오은
9	삶이란	다정한 공감	너도 그랬구나, 공감 찾기	햇볕에 말리면 가벼워진다/정다연
10	위로의 시가 노래가 되어	응원과 격려	다정한 시 찾기 나도 시인	도넛을 나누는 기분/유희경
11	내가 나에게 건네는 말	자기수용, 돌봄	순수함을 드러내는 소재 선택하여 회복 시 쓰기	돌담에 속삭이는 햇발/김영랑
12	회상하기	성취감	우리들의 행복한 시(詩)간	하늘이 파란 날/김용택

회기	주제	목표	활동	자료/시인
5	끝없는 상상	질문의 힘	세상에 질문하기 후 시로 연결	프레드릭/ 레오 리오니
6	놀 궁리	창의력	기발한 동시 찾기	진짜랑 깨/ 권오삼
7	단단한 마음	나의 꿈	내가 원하는 것 시 짓기	틈만 나면/ 이순옥
8	하루의 멋짐	자기회복	자기연결 시	다니엘의 멋진 날/ 미카 아처
9	일상 속에서	살아가는 모습	사용 시간과 감정 흐름 연결	바닷물 에고, 짜다/함민복
10	시 속으로	상상력, 정체감	가끔 되고 싶은 나 시 짓기	가끔/신형건
11	시(노래) 즐기기	성취감	판소리 버전 함께 즐기기	별주부전- 난감하네
12	낭독회	소통, 공감	시 낭독, 공감 나누기	추천 시, 창작 시

〈표〉 중학생 – "나를 지키는 시시껄껄(詩詩乞乞)"

회기	주제	목표	활동	자료/시인
1	연결된 나, 분리된 나	자기인식	디지털 의존 진단지, 시 감상 나누기	민들레 홀씨처럼/오수아
2	SNS 속 진짜와 가짜	자아 탐색	거짓된 자아, 진짜 자아 시 비교	눈/박준

7	소리를 흉내 낸 말	재미와 재치	가락을 살려 노래처럼 읽기	소리가 들리는 동시집/이상교
8	다섯 가지 감각	감각 회복	오감 활용 동시 읽기 나누기	눈코귀입손/김종상
9	나는 어떤 느낌일까?	감정 구체화	몸 느낌 표현 시화	어느 데인지 참 좋은 델 가나 봐/권정생 외
10	학교생활, 교우관계	시간 회복	나의 하루 기분 그리기	선아의 기분은 록슉숙/박진경
11	나에게 시 한 줄	자기수용	자기위로 시 쓰기	외로움이란/윤민근
12	우리만의 시 발표	성취감, 표현력	시 낭독, 포스터 제작	내가 왔다/방주현

〈표〉 초등 고학년(4~6) – "나를 만나는 시(詩)간(間)"

회기	주제	목표	활동	자료/시인
1	다양한 나	자기인식	내 안에 있는 나를 찾은 후 시 짓기	나는요,/김희경
2	감정 일기 시	감정 표현력	하루 감정 기록 후 시로 전환	지금은 공사 중/박선미
3	SNS 속 나, 현실 속 나	자아 탐색	비교 시 만들기	백 살이 되면/황인찬
4	내가 나에게 쓰는 편지	자기돌봄	감정 읽기 후 편지 쓰기	모서리/이혜영

9	엄마, 아빠에게 시 보내요	관계 강화	가족 시 낭독, 짧은 시 쓰기	알사탕/백희나
10	전래동요	우리나라 정서	노랫소리에 맞춰 동작으로 표현하기	새는 새는 나무 자고/정순희
11	평강	평온한 하루	하루 그림일기, 줄 시	우리는 안녕/ 박준
12	나의 존재	눈부시게	나의 빛 찾기	반짝반짝반짝이/ 하수정

〈표〉 초등 저학년(1~3) - "스마트폰 대신 동시락(樂)"

회기	주제	목표	활동	자료/시인
1	말놀이 동시	유머와 풍자, 난센스	읽고, 쓰고, 그리고, 나누고	말놀이 동시집/ 최승호
2	말랑말랑해지다	단단한 중심	동시 노래처럼 읽기	노래는 최선을 다해 곡선이다/ 함민복
3	명쾌한 웃음	익살	내가 좋아하는 활동 시	석수장이 아들/ 권문희
4	나만의 말놀이	언어 표현력	반복 시 완성 놀이	시리동동 거미동동/권윤덕
5	좋아하는 색깔 시	감정 표현 훈련	색깔과 감정 연결	열 살, 다섯 빛깔이 전하는 위로/ 정세훈
6	사소하고 이상하고	상상력 자극	패러디 시 쓰기	글자 동물원/ 이안

들을 소중히 키워갈 수 있는 시간을 마련해 주어야 한다. 마음의 언어로 나를 들여다보는 시간과 자기 느낌과 생각을 창작으로 표현해 보는 시간은 꼬물꼬물 자라나 풍성하고 아름답게 피어날 것이다. 이에 따라 시 듣기·읽기·말하기·그리기·쓰기를 온몸으로 체험할 수 있는 목록은 아래 표와 같다.

〈표〉 유아(6~7세) - "몸으로 만나는 시동(動)"

회기	주제	목표	활동	자료/시인
1	재잘재잘 말놀이 재미	어휘력	의성어 의태어	알공달공 소풍/이상교
2	눈으로 보는 재미, 손으로도!	감각 자극	사물 관찰 시 쓰기	씨앗 세 알 심었더니/고선아
3	내가 만드는 모험 이야기	탐험	시 읽으며 소리 찾아 탐험하기	와하이오하이오! 이상한 비명소리를 찾아서/실비 미슬랭
4	시 놀이터	표현 놀이	놀이 말하고 시로 표현하기	강아지와 염소 새끼/권정생
5	상상의 즐거움	알아가는 재미	장면 따라 몸으로 표현하기	누구게?/김주경
6	마음 놀이 시	리듬감, 집중	시 낭독, 율동	달님 안녕/하야시 아키코
7	나무, 물, 바람이랑 놀기	자연 집중	시 듣고 그림, 말 쓰기	열두 달 나무 아이/최숙희
8	자연의 노래	감정 언어화	억울한 감정	여름밤에/문명예

05 시로 만나는 연령별 추천 도서

나를 바꾸는 힘, 눈을 들어 시(詩)작(作)해 보자

작은 화면에 고개 숙인 우리, 하루에도 수십 번 손끝만 바라보며 살아간다. 하지만 진짜 삶은, 그 화면 너머에 있다는 것을 알아채자. 눈을 들어 시를 보자. 반짝이는 눈동자, 창밖의 햇살, 바람에 흔들리는 나뭇잎, 그리고 함께 웃는 누군가의 얼굴. 그곳엔 아직 시(詩)가 살아 있고, 희망의 빛이 숨 쉬고 있다. 우리가 스마트폰에서 잠시 눈을 떼는 순간, 삶은 다시 따뜻한 빛으로 물들기 시작한다. 지금, 이 순간에도, 우리를 기다리는 시 한 편이 눈길 닿는 곳 어딘가에서 조용히 피어나고 있다.

스마트폰 과몰입은 유아부터 청소년까지 공통으로 나타나는 현대적 이슈이다. 이제 스마트폰의 화면을 잠시 닫고 접힌 마음을 펼치기 위한 매체가 필요하다. 아이들 마음속에 있는 작은 씨앗

〈표〉 책에 학교생활을 묻는 연령별 추천 도서 목록

연령대	주제	도서명/저자
유아 (4~6세)	건강한 친구 관계	미안해, 괜찮아/김영진
	유치원 입학	유치원 처음 가는 날/김영진
	낯선 환경 적응	유치원에 가기 싫어요/홍원택
	슬기롭게	슬기로운 유치원 생활 시리즈/ 로이북스 출판사
	첫 사회생활	처음 혼자서 학교 가는 날/황시원
초등 저학년 (1~3)	적응	학교 처음 가는 날/김하루
	규칙, 질서, 협동	학교에 간 사자/필리파 피어스
	권위, 역할 바꾸기	선생님, 있잖아요/가시마 가즈오
	친구, 교실 생활	제발 나랑 짝이 되어 줘/김리리
	만만치 않은 학교생활	선생님은 모르는 게 너무 많아/강무홍
초등 고학년 (4~6)	교실 속 갈등, 문제 해결	비밀 교실/소연
	친구 관계, 따돌림	모르는 척/우메다 슌사쿠
	미래학교, 교사와 학생	담임 선생님은 AI/이경화
	부러움, 자기돌봄	브로콜리지만 사랑받고 싶어/ 별다름, 달다름
	적응, 소외감	까마귀 소년/야시마 타로
청소년 (중고등)	학교폭력, 관계 맺기	지독한 장난/이경화
	실패, 두려움	어디에도 없는 소녀/마갈리 르 위슈
	학습법	이토록 공부가 재미있어지는 순간/ 박성혁
	위로	어쩌다 시에 꽂혀서는/정연철
	투명 인간	투명인간 에미/테리 리벤슨

책에 학교생활을 묻는다

'책에 학교생활을 묻는다'라는 것은 아이들이 학교라는 공간에서 겪는 관계, 규칙, 책임, 도전, 갈등, 성장, 소속감, 학습법 등 다양한 경험을 책을 통해 성찰하고 이해할 수 있도록 돕는 것에 초점을 둔 주제이다. 이 추천 도서 목록은 아이들이 학교에서의 일상과 특별함, 기쁨과 고민을 들여다보며, '학교란 무엇인가'에 대해 스스로 생각해 볼 수 있도록 구성되었다. 아래 표는 학교생활에 대한 이해와 공감의 폭을 넓히고, 자기 경험을 되돌아보는 계기를 마련해 줄 수 있는 도서이다.

〈표〉 책에 친구를 묻는 연령별 추천 도서 목록

연령대	주제	도서명/저자
유아 (4~6세)	친구의 위로	나랑 친구할래?/파울린느 아우드
	친구 사귀기	무례한 친구가 생겼어요/크리스티나 퍼니발
	다름의 수용	우리 친구 하자/앤서니 브라운
	우정, 상실과 기억	친구랑 함께라면!/레베카 콥
	새로운 친구	넌 항상 내 친구야/코린 드레퓌스
초등 저학년 (1~3)	친구와의 다툼과 화해	싸워도 우리는 친구!/이자벨 카리에
	소외, 관계 회복	내 짝꿍 최영대/채인선
	오해와 우정	친구에게 친구가 생겼어요/카트리네 마리에 굴다게르
	함께 노는 즐거움	친구 자판기/조경희
	갈등과 화해	친구랑 싸웠어/시바타 아이코
초등 고학년 (4~6)	우정의 성장	휘슬이 두 번 울릴 때까지/이명애
	관계 스트레스	네 마음을 크게 말해 봐/장선혜
	친구에 대한 편견	정글 인 더 스쿨/오선경
	평등, 차별, 우정	4998 친구/다비드 칼리
	친구와의 소통 방식	곤란한 순간, 어떻게 말하지?/사이토 다카시
청소년 (중고등)	따돌림, 갈등	체리새우: 비밀글입니다/황영미
	관계의 기술	이수현 에세이/이수현
	트라우마, 위로	내 어깨 위 두 친구/이수연
	동경과 배반	우리는 지금도 친구일까?/조은영
	다채로운 마음	오늘의 인사/김민령

책에 친구를 묻는다

'책에 친구를 묻는다'라는 것은 우정, 다름의 수용, 갈등과 화해, 외로움, 소속감, 친구 관계 맺기 등의 주제를 중심으로, 친구란 무엇인가에 대해 탐색하고 성찰할 수 있도록 돕는 것이다. 이 추천 도서 목록은 나이별로 아이들이 친구 관계를 건강하게 맺을 수 있도록 도움을 준다. 아래 표는 "나는 어떤 친구일까?", "나는 어떤 친구를 원할까?"라는 질문에 대해 아이들이 스스로 생각하고 답을 찾아가도록 돕는 도서이다.

〈표〉 책에 가족을 묻는 연령별 추천 도서 목록

연령대	주제	도서명/저자
유아 (4~6세)	가족 구성, 사랑	고릴라 가족/앤서니 브라운
	가족의 본질	가족의 모양/전미화
	가족 탄생, 성교육	엄마가 알을 낳았대!/배빗 콜
	아빠와의 유대	아빠하고 나하고/강무홍
	이별, 가족의 그리움	나는 엄마를 기다려요/김리라
초등 저학년 (1~3)	가족의 다양성	우리 가족입니다/이혜란
	엄마 이해하기	엄마 사용법/김성진
	가족의 역사	가족앨범/실비아 다이네르트 외
	조손가정, 가족의 의미	할머니 엄마/이지은
	노인, 가족의 사랑	나의 사랑스러운 할머니/모지애
초등 고학년 (4~6)	가족 형태의 다양성	모두 다 싫어/나오미 다니스
	갈등과 화해	가족입니다/김혜연 외
	모성, 보호, 가족애	마당을 나온 암탉/황선미
	갈등, 이해, 회복	너도 하늘말나리야/이금이
	엄마의 삶, 연결	우리 엄마/앤서니 브라운
청소년 (중고등)	가족이란 무엇인가	실험 가족/배봉기
	혈연 밖의 가족	푸른 사자 와니니/이현
	입양, 새로운 가족	그리운 메이 아줌마/신시아 라일런트
	가족 상실, 사랑	아몬드/손원평
	가족과 역사, 책임	가족/오 헨리 외

책에 가족을 묻는다

'책에 가족을 묻는다'라는 것은 가족의 의미, 갈등과 화해, 사랑, 다양성, 상실, 연대 등 가족에 대한 이해와 성찰을 끌어내는 데 목적이 있다. 이 추천 도서 목록은 연령대별 정서적·인지적 수준에 맞춰, 가족을 다양한 시각으로 바라볼 수 있도록 구성되었다. 아래 표는 각 연령대에 적합한 도서를 통해 가족에 대해 생각하고 공감할 기회를 제공하는 추천 목록이다.

〈표〉 책에 나를 묻는 연령별 추천 도서 목록

연령대	주제	도서명/저자
유아 (4~6세)	자기 정체성, 나다움	나는 나예요/수전 베르데
	감정 이해	마음이 마음대로/아라이 히로유키
	감정 표현, 소통	아리야, 내 마음을 알아줘/신배화
	감정 어휘	기분을 말해 봐!/앤서니 브라운
	상상, 내면의 힘	괴물들이 사는 나라/모리스 샌닥
초등 저학년 (1~3)	자아정체성	나는 누구일까?/박상은
	감정 이해, 복합 감정	아홉 살 마음 사전/박성우
	감정 표현, 친구 관계	마음이 퐁퐁퐁/김성은
	자존감, 성장	나는 그냥 나입니다/윤아해
	상상, 자아 발견	봐요, 봐요, 나를 봐요!/모모코 아베
초등 고학년 (4~6)	상처, 성장, 트라우마	가시 소년/권자경
	가족, 정체성	몽실 언니/권정생
	정체성	나를 찾아서/변예슬
	자존감, 꿈	안녕, 나의 빨강머리 앤/백영옥
	감정 공감, 우정	친구/김성미
청소년 (중고등)	사춘기, 신체 변화, 자아	열일곱 살의 털/김해원
	자존감 회복, 자기 수용	나는 나로 살기로 했다/김수현
	가족, 선택, 자아	페인트/이희영
	성장, 정체성	완득이/김려령
	독립성, 다름, 자기 존중	보건교사 안은영/정세랑

04 책으로 들여다보는 마음

책에 나를 묻는다

'책에 나를 묻는다'라는 것은 자기 이해, 자존감, 정체성, 감정 표현을 중심에 두고 책을 통해 자신을 들여다보는 과정을 의미한다. 이 추천 도서 목록은 나이에 따라 아이들이 자신의 내면을 성찰하고, 감정을 표현하며, 정체성을 형성해 갈 수 있도록 돕는 데 맞추었다. 아래 표는 유아, 초등 저학년, 초등 고학년, 청소년을 대상으로 한 나이별 자기 성찰 도서이다.

라는 삶에 머무르지 않고 더 높은 가치를 향해 나아가려 하고, 호랑 애벌레는 경쟁과 모방의 기둥을 오르다 진정한 자기 삶의 방향을 다시 생각하게 된다. 이 책은 삶의 방향성과 존재의 의미, 그리고 진짜 '나답게' 사는 것이 무엇인지에 대해 깊이 고민하게 해 준다. 불안한 삶 속에서도 나를 지키며 꿈을 좇고자 하는 독자에게 희망, 위로, 용기를 아낌없이 건네는 철학적인 이야기다.

자아실현의 욕구를 채워주는 책

자아실현의 욕구는 타인의 시선을 의식하지 않고, 자신의 재능과 가능성을 최대한 발휘하며 완성된 삶을 이루고자 하는 내면의 열망이다. 이 욕구는 단순한 성공을 넘어, 노력과 인내, 실패와 극복의 경험을 통해 성장하고 완성되어 가는 과정 그 자체에 의미가 있다. 이러한 이야기를 담은 문학작품은 아이들이 자신의 삶과 가능성을 신뢰하며 나아가도록 도와주는 훌륭한 길잡이가 된다.

코리 R. 테이버의 『간다아아!』는 귀여운 꼬마 물총새 멜의 도전과 성장을 담은 그림책이다. 하늘을 날고 싶어진 멜은 주저하지 않고 둥지에서 툭 하고 뛰어내린다. 순간 물속으로 빠지지만, 곧 물 위로 솟구쳐 멋지게 날아오른다. 주변의 걱정을 뒤로하고 자신의 선택을 믿은 멜은 결국 비상의 기쁨을 맛본다.

이 이야기는 실패를 두려워하지 않고 도전하는 용기, 그리고 스스로 이뤄낸 성취의 기쁨을 아이들이 자연스럽게 공감하게 해 준다. 읽는 이에게 "나도 할 수 있다"라는 자신감을 불어넣는 작품이다.

트리나 폴러스의 『꽃들에게 희망을』은 자아와 희망을 찾아 떠나는 두 애벌레, 노랑 애벌레와 호랑 애벌레의 이야기를 통해 진정한 자아실현의 의미를 전한다. 노랑 애벌레는 단순히 먹고 자는 어릴 적, 저녁마다 할아버지의 무릎에 앉아 세상 이야기를 들으며 자란다. 할아버지는 언젠가 커서 세상을 더 아름답게 만드는 일을 해야 한다고 말한다.

세월이 흘러 '미스 럼피우스'가 된 앨리스는 자신이 좋아하는 루핀꽃을 세상 곳곳에 뿌리며, 삶의 마지막까지 그 약속을 실천한다. 이 책은 한 사람의 따뜻한 실천이 얼마나 크고 깊은 아름다움을 남길 수 있는지를 감동적으로 보여준다.

모니카 페트의 『행복한 청소부』는 한 청소부 아저씨가 자신의 일상을 사랑하게 되는 과정을 담담하고 따뜻하게 그려낸 작품이다.
수년간 같은 거리의 표지판을 닦으며 살아온 그는, 어느 날 그 거리 이름들이 유명한 음악가와 작가의 이름임을 뒤늦게 알게 된다. 그때부터 그는 그들의 음악을 듣고, 글을 읽으며 배움의 즐거움과 내면의 행복을 발견한다.

자신의 일상과 일을 더욱 소중히 여기게 된 그는, 작지만 아름다운 변화가 삶을 얼마나 풍요롭게 만들 수 있는지를 우리에게 보여준다.
이 책은 독자로 하여 진정한 아름다움과 행복이 어디에서 오는지를 스스로 성찰하게 만든다.

심과 지역 이해력을 높이는 데 도움을 준다.

예지 베툴라니, 마리아 마주레크의 『뇌 과학 나라의 앨리스』는 우리가 느끼고, 생각하고, 말하고, 행동하는 모든 것과 관련된 '뇌'의 세계를 모험 이야기 형식으로 풀어낸 과학 그림책이다.

복잡하게 느껴질 수 있는 뇌과학을 어린이의 눈높이에 맞춰 설명하면서, 뇌의 역할, 구조, 기능은 물론 뇌를 건강하게 돌보는 방법까지 흥미롭게 전달한다.

이 책은 아이들이 자기 몸과 마음의 중심인 '뇌'를 이해하고, 지식과 자기 이해를 동시에 키워가는 여정을 돕는다.

미와 질서의 욕구를 채워주는 책

미와 질서에 대한 욕구는 사람의 마음속 깊은 곳에서 비롯되는, 아름다움과 조화를 추구하는 본능적인 갈망이다. 감각적으로 아름답고 정서적으로 울림이 있는 그림책은 이 욕구를 충족시키는 데 매우 효과적이다. 아이들은 책을 통해 세상의 질서와 조화를 경험하고, 마음속 안정감을 자연스럽게 키워간다.

바버러 쿠니의 『미스 럼피우스』는 세상을 아름답게 만드는 삶의 가치에 대해 이야기하는 고전적인 그림책이다. 주인공 앨리스

지식과 이해의 욕구를 채워주는 책

지식과 이해에 대한 욕구는 자신을 둘러싼 세계에 끊임없이 질문을 던지고, 더 깊이 알고자 하는 마음에서 비롯된다. 이 욕구는 책을 통해 자연스럽게 충족될 수 있으며, 아동의 탐구심과 사고력을 길러주는 데 큰 도움이 된다.

박승준의 『**머리에서 발끝까지 우리 몸의 구조**』(리틀 히포크라테스 시리즈)는 우리 몸을 구성하는 다양한 기관의 위치와 역할을 친절하게 설명한 어린이용 의학 도서이다.

해부학의 기초를 바탕으로 근골격계, 신경계, 순환계, 호흡계, 소화계, 내분비계, 비뇨계, 감각계 등 8개 체계로 인체를 구분해 설명하며, 아이의 눈높이에 맞춰 쉽게 풀어낸다. 복잡한 내용을 간단한 도해와 설명으로 구성해 어린이뿐 아니라 성인이 읽어도 유익하다. 몸에 대해 궁금한 모든 독자에게 추천할 만한 책이다.

조영경의 『**열두 달 지하철 여행**』(지식곰곰 시리즈)은 서울과 수도권의 지하철 노선을 따라 1년 동안 펼쳐지는 역사·문화 탐험 이야기다. 전통시장, 현대적인 빌딩 숲, 거리 예술이 가득한 대학로, 선사 시대 유적과 근현대사의 현장을 아우르며 시대와 장소를 넘나드는 다채로운 체험을 제공한다. 익숙한 교통수단인 지하철을 배경으로 도시 공간을 새롭게 바라보게 하며, 아동의 탐구조리 존의 『**착한 달걀**』은 언제나 다른 사람을 먼저 생각하는, 착하고 배려심 많은 달걀이 주인공이다. 엉뚱하고 우스꽝스러운 모습에 웃음이 나지만, 책을 읽다 보면 독자는 문득 생각하게 된다.
"나는 정말 내 마음을 잘 알고 있을까?"

이 책은 아이가 자신의 욕구와 감정을 돌아보고, 진짜 원하는 것이 무엇인지 스스로 묻고 알아가도록 이끈다. 결국 자신을 돌보는 일이야말로 가장 중요한 존중의 시작임을 자연스럽게 일깨워 준다.

권정생의 『**강아지똥**』은 겉보기엔 작고 보잘것없는 존재인 강아지똥이, 민들레와의 만남을 통해 자신의 존재 의미와 쓸모를 깨닫는 이야기다.

남들이 천대하고 무시했던 자신에게도 세상에 이바지할 수 있는 가치가 있다는 사실은 깊은 감동을 준다. 이 책은 생명에 대한 존중뿐 아니라, 자기 자신을 향한 존중과 믿음이 얼마나 중요한지를 아이의 눈높이에서 아름답게 전해준다.

때로는 한 권의 책이 한 사람의 인생을 바꾸기도 한다. 『강아지똥』은 그런 힘을 지닌 이야기다. 이 책을 통해 아이들은 "나도 누군가에게 꼭 필요한 존재야"라는 감정을 마음 깊이 새길 수 있다.

그리고 그런 감정은 스스로 존중하고, 다른 사람도 귀하게 여기는 건강한 마음의 씨앗이 된다.

라는 관계를 어떻게 이뤄낼 수 있는지를 보여준다. 아이들은 물론 성인 독자에게도 자기중심적 사고에서 벗어나 공동체적 감각으로 확장되는 감동의 경험을 선사하는 책이다.

자아 존중의 욕구를 채우는 이야기책

자아 존중의 욕구는 자신이나 타인으로부터 존중받고 싶어 하는 마음이다. 아이들은 성장 과정에서 "나는 소중한 존재야", "나는 괜찮은 사람이야"라는 감각을 내면화하며 건강한 자아를 형성해 나간다. 이러한 마음을 키워주는 책은 아이에게 큰 힘이 된다.

이은경의 『너에게 세상을 줄게』는 세상에 대한 호기심과 두려움을 동시에 지닌 새끼 염소와 그 곁에서 다정하게 응원해 주는 엄마의 모습을 담은 그림책이다. 새끼 염소는 넓은 세상으로 첫발을 내딛는 데 설렘과 두려움을 함께 느끼고, 엄마는 말없이 든든한 지원군이 되어준다.

이 책을 읽는 아이는 주인공과 자신을 자연스럽게 동일시하며, "나도 괜찮아. 내 곁에도 나를 응원해 주는 사람이 있어"라는 따뜻한 위로와 용기를 얻게 된다.

백희나의 『알사탕』은 혼자 노는 아이 동동이가 어느 날 신비한 알사탕을 통해 주변 사람들의 속마음을 들을 수 있게 되면서 벌어지는 이야기다. 말없이 지내던 아빠, 강아지, 장난감 병정, 그리고 친구의 내면의 소리를 듣는 경험을 통해 동동이는 점점 마음의 문을 열고 주변과 연결된다.

이 책은 소통, 이해, 관계 속에서의 성장이라는 주제를 섬세하고 따뜻하게 담아내며, 아이뿐 아니라 어른의 마음도 울리는 작품이다.

루이스 세풀베다의 『갈매기에게 나는 법을 가르쳐준 고양이』는 사랑과 소속, 공동체에 대한 깊은 울림을 전하는 감동적인 우화이다. 오염된 환경으로 목숨을 잃게 된 갈매기는 한 고양이에게 자신의 알을 맡기며, 알을 지키고, 새끼가 태어나면 나는 법을 가르쳐 달라는 부탁을 남긴다.

전혀 다른 존재인 고양이와 갈매기의 만남은 한 생명을 향한 책임과 헌신, 약속을 지켜가는 과정을 통해 관계의 본질과 사랑의 확장성을 보여준다. 고양이는 처음엔 갈등과 시행착오를 겪지만, 결국 약속을 지키기 위해 애쓰며 새끼 갈매기에게 나는 법까지 가르쳐준다.

이 이야기는 단순한 동물 이야기를 넘어, 나와 너를 넘은 '우리'

한다.

작가는 이 이야기를 통해, 우리 모두의 내면에 존재하는 동생과 오빠가 서로를 보듬고 인정하며 조화를 이루길 바란다. 그것이 진정한 안정감과 성장을 이끄는 힘이라는 메시지를 전한다.

사랑과 소속의 욕구를 채우는 이야기책

사랑과 소속의 욕구는 다른 사람에게 사랑받고 사랑하고 싶어 하는 마음, 즉 가족·친구·공동체 등 소속된 관계 안에서 애착을 형성하고자 하는 욕구이다. 이는 아동에게 정서적 안정감과 자아 형성에 깊은 영향을 미치는 중요한 욕구 중 하나이다.

낸시 틸먼의 『네가 태어난 날엔 곰도 춤을 추었지』는 아기가 태어난 날, 온 세상이 함께 기뻐했다는 따뜻한 상상을 통해 아이에게 세상에 존재하는 것만으로도 소중하다는 감정을 전한다.

이 책은 부모의 사랑을 온전히 느끼게 해주며, 자존감을 높이고 자신이 특별한 존재임을 깨닫게 해주는 작품이다. 시처럼 아름답고 감성적인 언어는 아이의 정서에 긍정적인 사랑의 에너지를 자연스럽게 불어넣는다.

하지만 숲속에서 만난 늑대의 꾐에 빠져, 꽃을 꺾기 위해 샛길로 들어가고, 그 사이 늑대는 먼저 할머니 집으로 달려가 할머니를 삼킨 뒤, 이불을 덮고 빨간 모자를 기다린다. 뒤늦게 집에 도착한 빨간 모자는 침대에 누워 있는 늑대와 실랑이를 벌이다. 결국, 잡아먹히고 만다. 늑대는 배가 부른 채 깊은 잠에 빠지고, 코 고는 소리를 들은 사냥꾼이 할머니를 찾으러 와 늑대를 처리한다.

다행히도 할머니와 빨간 모자는 무사히 늑대 뱃속에서 구출되며 이야기는 안도와 해피 엔딩으로 마무리된다.
이 장면에서 아이들은 "후유, 다행이다!"라며 긴장 속 해소와 안정감을 자연스럽게 경험하게 된다.

앤서니 브라운의 **『터널』** 역시 안전 욕구와 깊은 관련이 있는 작품이다. 내성적인 여동생과 외향적이고 장난기 많은 오빠는 엄마의 꾸중을 듣고 함께 집을 나서 누추한 도시 외곽의 쓰레기장으로 향한다. 그곳에서 발견한 숲으로 이어지는 터널은 두 남매를 야생적이고 낯선 공간으로 이끈다. 터널 너머로 먼저 사라진 오빠를 찾아 나서야 하는 상황 속에서, 여동생은 두려움을 이겨내고 터널 속으로 용기 있게 들어간다. 이 여정에서 두 남매는 갈등을 넘어 서로를 이해하고 화해하며 진정한 관계 회복을 이룬다. 이 작품은 독자들에게 공포와 혼란을 극복하는 용기와 상대를 이해하고 감정을 나누는 공감이 얼마나 중요한지를 깊이 있게 전달 언어적 창의성과 유머를 통해 편식 개선과 표현력 향상을 동시에 이끈다.

잘 웃는 토끼의 『똥이 퐁당!』(배변 습관 사운드북)은 소리 나는 손잡이를 직접 작동시키며 배변 훈련을 돕는 책이다. 물 내려가는 소리에 대한 두려움을 줄이고, 놀이처럼 즐기는 배변 습관 형성을 유도한다. 변기 사용에 거부감이 있는 아이들에게 특히 유익하다.

안전의 욕구를 다루는 이야기책

안전의 욕구란 보호받고 싶고, 구조와 질서 안에서 안정을 느끼며, 공포나 근심, 혼란으로부터 자유로워지고 싶은 마음을 말한다. 이는 아이들의 몸과 마음이 바라는 본능적인 욕구이자, 정서적 안녕을 위한 중요한 기반이 된다.

그림 형제의 『빨간 모자』는 이 안전 욕구가 강하게 드러나는 고전 동화다. 이야기 속 빨간 모자 소녀는 외딴 산골에 홀로 사는 아픈 할머니께 빵과 버터, 포도주를 전해 드리라는 엄마의 부탁을 받고 숲길을 따라 길을 나선다.

아동 도서 속에도 이러한 욕구들이 자연스럽게 녹아 있으며, 각 발달단계에 맞는 책을 통해 아동의 내면을 이해할 수 있다. 아래에 소개하는 도서들은 아동의 발달적 욕구를 이해하고, 그에 맞는 독서를 돕는 데 초점을 두고 있다.

생리적 욕구(먹기, 자기, 배설하기)를 다루는 책

생리적 욕구는 인간이 생존을 위해 가장 먼저 충족해야 할 기본적인 욕구다. 아이들이 이 욕구를 자연스럽게 인식하고 습관화하도록 돕는 책들을 소개한다.

세드릭 라마디에와 뱅상 부르고의 『잠자는 책』(신나는 책놀이 시리즈)는 잠자기 전 해야 할 일들—이를 닦고, 쉬를 하고, 이야기 듣고, 잠자리 인사를 하는 과정을 따르며 아이가 스스로 수면 준비를 인식하고 실천하게 돕는다. 안정적인 수면 습관 형성에 효과적이다.

로렌 차일드의 『난 토마토 절대 안 먹어』는 편식이 심한 여동생에게 기발한 상상력을 동원해 식습관을 바꾸려는 오빠의 유쾌한 이야기이다. 음식에 새로운 이름을 붙이며 당근은 '오렌지뽕가지뽕', 감자는 '구름보푸라기', 토마토는 '달치익쏴아'로 표현된다.

03 발달 욕구를 채우는 따뜻한 책

독서는 아동에게 즐거움을 줄 뿐만 아니라, 성장 과정에서 나타나는 기본적인 욕구를 반영해 마음을 충만하게 해주는 역할을 한다. 시대를 초월해 보편적으로 나타나는 인간의 욕구에는 안전, 사랑받고 싶은 마음, 자아 존중, 성취에 대한 열망 등이 있다.

아동은 이러한 욕구를 충족시키기 위해 마음과 힘을 다해 노력하며, 개인적인 행복과 사회적 인정을 조화롭게 이루고자 한다. 이럴 때 책은 아동의 내면을 이해하고 도와주는 직간접적인 매개체가 된다. 특히 아동의 흥미에 맞고, 발달단계와 정서적 욕구에 적합한 책을 선택한다면 그 효과는 더욱 크다.

인본주의 심리학자 에이브러햄 매슬로(Abraham Harold Maslow)는 인간이 본능적으로 성장하고 발전하려는 욕구를 가지며, 이러한 욕구가 충족될수록 동기가 유발된다고 설명했다.

예민한 아이에게는 『검피 아저씨의 뱃놀이』를 권한다. 옆집 아저씨와 함께 신나게 뱃놀이를 떠나는 동네 아이들의 이야기로, 문장이 아이들에게 친근하게 다가오고, 다양한 동물의 특징을 포착해 유쾌하게 표현한 점이 돋보인다.

책을 읽는 동안 리듬감 있는 글과 그림이 즐거움을 선사하며, 동물 친구들과 검피 아저씨의 배에 올라 상상의 세계로 여행을 다녀온 아이들의 마음엔 어느새 부드러운 공간이 생겨난다.

이 책의 짝으로 『검피 아저씨의 드라이브』도 함께 추천하고 싶다. 이번에는 꼬마들이 검피 아저씨의 자동차를 타고 드라이브를 떠난다. 여정 중 차가 고장 나고 야단법석이 벌어지지만, 결국 모두 안전하고 즐겁게 집으로 돌아온다.

뱃놀이에 이어 드라이브까지 경험한 아이들은, 책을 덮는 순간 까칠하고 뾰족했던 마음이 어느새 부드럽고 유연한 곡선으로 바뀌어 있음을 느끼게 될 것이다.

쓰게 한다.

 이 장면을 두고 어떤 독자는, 선생님의 꾸중으로 인해 더는 상상의 세계로 들어가지 않는 존의 모습에서 교사 중심 교육의 현실을 돌아보게 된다고 평가하기도 한다. 하지만 이 책은 단순한 비평에서 머무르기보다, 학교라는 '제2의 사회성'이 시작되는 공간에서 교사와 학생이 서로의 입장을 이해하고 정해진 규칙을 지키는 것이 얼마나 중요한지 자연스럽게 일깨운다.

 그런 의미에서 『지각대장 존』은 아이와 어른이 함께 읽으며 주인공들의 말과 행동에 대해 이야기 나누기에 더없이 좋은 책이다. 문학적 요소를 통해 교훈을 직접적으로 강조하지 않지만, 독자가 선택적으로 해석하고 적용할 수 있어 더욱 폭넓은 도움을 줄 수 있다.

 긴장감이 높은 아이에게는 **『장바구니』**를 추천한다. 이 책은 주인공이 장을 보러 갔다가 돌아오는 동안 만나는 다양한 동물들과의 사건들을 담고 있다. 주인공은 용기와 지혜로 동물들을 물리치고, 한편으로는 심부름한 물건들이 한쪽 페이지에 그려져 있어, 그 물건들을 사용할 때마다 하나씩 사라지는 구성으로 독자의 긴장을 풀고 마음을 이완시킨다. 이야기는 단순하지만 구조가 촘촘하여 집중력 향상에도 도움을 줄 수 있다.

수밖에 없다. 그러나 그렇다고 해서 너무 움츠러들거나 두려워할 필요는 없다.

이럴 때 독서는 훌륭한 조력자가 되어줄 수 있다. 특히 이야기 속에서 아이는 자신의 감정과 비슷한 상황을 간접적으로 체험하면서, 공감과 통찰, 문제 해결의 실마리를 발견하게 된다. 전 세계 어린이와 어른들의 사랑을 오랫동안 받아온 작가 존 버닝햄(John Burningham)의 작품들은 바로 그런 점에서 유의미하다.

그의 책에는 유머와 상상력, 따뜻한 시선이 녹아 있어 주의가 산만한 아이들도 자연스럽게 몰입하며 즐거운 독서 경험을 할 수 있다. 더불어 이야기 속 인물들이 겪는 갈등과 변화 과정을 따라가다 보면, 스스로 일상과 감정을 되돌아보는 계기도 얻게 된다.
독서가 집중력의 빈틈을 채워주는 든든한 도구가 될 수 있음을, 존 버닝햄의 작품들을 통해 아이에서 어른까지 모두 느껴보길 바란다.

존 버닝햄의 **『지각대장 존』**은 상상력과 현실이 교차하는 흥미로운 이야기다. 책 속의 아이 존은 학교에 가는 길에 악어, 사자 등 다양한 동물 방해꾼들을 만나며 물건을 잃어버리고 결국 지각한다. 하지만 사정을 알 리 없는 선생님은 존의 말을 믿지 않고, 그에게 벌을 주며 "다시는 거짓말을 하지 않겠다"라는 반성문을

02 집중력의 빈 곳 책 읽기로 채우기

집중력이 느슨한 아이들이 흔히 겪는 어려움은 잘 잊어버리고, 물건을 자주 잃어버리며, 정리에 서툴다는 점이다. 문제 해결이 늦거나 상황에 맞지 않는 과잉행동은 본인뿐 아니라 주변 사람들의 일상에도 혼란을 줄 수 있다. 이는 본인의 의지와는 상관없이 말과 행동이 충동적으로 튀어나오기 때문이다.

한편, 눈에 잘 띄지 않는 조용한 주의력결핍형 아이들도 있다. 이들은 다른 사람을 방해하거나 위험한 행동을 하는 경우는 적지만, 오히려 그로 인해 주위의 피드백이 부족하고, 결국 타인과 관계를 맺는 데 어려움이 생길 수 있다. 이러한 상황이 쌓이면 사회적 고립감이나 낮은 사회성으로 이어질 수 있다.

이처럼 유형은 다르지만, 공통적으로는 좌충우돌하는 일상 속에서 어떻게 안정감을 찾고, 주변과 더불어 살아가는 기술을 배울 수 있도록 도울 것인가에 대해 부모와 교사의 고민은 깊어질

계가 멀어지고, 결국 외로움 속에 갇히게 된다. 이는 적절한 말의 시기와 방식, 즉 TPO를 고려하지 못했기 때문이기도 하다.

그러나 이야기가 전개되면서 그는 스스로를 돌아보고, 타인과의 관계에서 말과 행동의 중요성을 깨닫는다. 이 과정은 곧 '무엇을 말하느냐'뿐 아니라 '언제, 어디서, 어떻게 말하느냐'가 관계를 결정짓는 중요한 열쇠임을 보여준다.

따라서 이 책은 TPO 원칙을 자연스럽게 이해하고 내면화할 수 있도록 도와주는 소중한 이야기이자, 말하기의 어려움을 겪는 사람들에게 따뜻한 길잡이가 되어줄 수 있는 작품이다.

소통의 감각을 키워주는 이야기책

나는 책을 매개로 심리상담과 교육을 하는 삶이 나 자신과 타인을 함께 성장시키는 멋진 일이며, 큰 축복이라는 사실을 다시금 깨닫게 해준 고마운 책들을 많이 만났다. 그중 한 권을 소개하고자 한다.

권자경의 『가시 소년』은 작가가 밝힌 바와 같이 "날카로운 말은 결국 자신도 상처 입힌다"라는 메시지를 담고 있으며, 이 말은 이야기의 시작부터 깊은 울림을 준다.

이야기는 주인공의 시점으로 전개되기에, 독자는 자연스럽게 감정 이입을 하며 따라가게 된다. 거친 말과 행동으로 인해 혼자가 된 주인공이 문득 자신을 마주하고, 마음속 '가시'를 없애기로 결심하는 장면에서는 진한 카타르시스가 느껴진다.

그리고 마지막 장면, 가시를 벗은 아름다운 자신의 모습이 바로 주인공이 찾고자 했던 '진짜 자신'이었음을 깨닫는 순간, 독자는 깊은 통찰과 감동을 함께 경험하게 된다.

이 책을 통해 특히 중요한 의사소통의 원칙 하나를 자연스럽게 되새길 수 있다. 바로 **TPO(Time, Place, Occasion)**, 즉 시간과 장소, 상황에 맞게 말하는 기술이다. 『가시 소년』의 주인공은 자신도 모르게 내뱉은 날카로운 말들로 인해 주변 사람들과의 관

우리는 언어를 통해 감정, 태도, 사실, 믿음, 생각 등을 타인에게 전달한다. 대화를 통해 서로 영향을 주고받으며 이해해 나가는 과정 전체가 의사소통이다. 이처럼 넓고 깊은 정보 교환과 감정 표현이 이루어질 때, 그 핵심에 있는 것이 바로 언어이며, 독서를 통해 이러한 언어능력과 소통 기술을 자연스럽게 습득할 수 있다.

상대방과 소통을 잘한다는 것은 단순히 말을 잘하는 것이 아님은 누구나 알고 있다. 하지만 우리가 살아가면서 가장 자주 부딪히는 어려움 중 하나는 바로 '관계'이다. 실제로 상담실을 찾는 이들의 가장 큰 고민 중 하나도 관계 맺기에서 오는 어려움이다.

모든 사람과 직접 관계를 맺어보며 경험을 쌓을 수는 없다. 하지만 독서를 통해 다양한 인간관계와 상황을 간접적으로 경험하고, 의사소통을 방해하는 요인들을 이해하며 극복할 수 있다.

무엇보다 독서의 효과를 극대화하려면 혼자 읽는 데 그치지 말고, 부모, 교사, 상담사와 함께 읽으며 다양한 소통 방식과 표현을 실습해 보는 과정이 필요하다. 책 속 이야기와 현실의 대화를 연결하는 순간, 진짜 소통이 시작된다.

동물들이 등장하는 이야기는 아이들이 특히 좋아하는 소재다. 이 책은 문체와 이야기 전개가 고전적이고 따스한 분위기를 지녀 부모는 물론, 독서심리상담사들도 즐겨 읽는 작품이다.

이야기 속 두 주인공은 전혀 다른 성격을 지니고 있다. 그런 그들이 친구가 되기까지는 여러 갈등과 오해, 우여곡절이 따른다. 하지만 어느 순간, 올빼미가 솔직한 마음을 털어놓는다.

"친구가 있는 것도 나쁘지 않을 것 같아. 만약 친구를 사귄다면, 바로 너 같은 친구였으면 좋겠어."

이 고백은 진정한 우정의 시작점이 된다.

친구에게 어떻게 다가가야 할지 몰라 망설였던 독자라면, 올빼미와 두꺼비의 말과 행동을 통해 자신의 마음을 표현하는 용기, 그리고 관계를 시작하는 따뜻한 방법을 배울 수 있을 것이다. 등장인물들의 성격이 관계에 어떤 영향을 미치는지도 함께 살펴보면 더욱 깊이 있는 독서가 될 것이다.

독서는 자존감 형성과 사회성 발달을 더욱 효과적으로 돕고, 원활한 의사소통 능력을 기르는 데 큰 징검다리가 될 수 있다. 의사소통에서 가장 핵심적인 도구는 바로 '언어'이며, 책은 어휘력을 키우는 데 가장 유용한 수단이다.

심, 공감 능력을 기를 수 있는 중요한 기초가 된다. 아이들은 또래를 통해 다양한 사회적 상황을 경험하고, 다른 사람과 관계를 맺는 방법을 배운다.

하지만 여러 가지 이유로 친구 관계를 잘 맺지 못하거나 상호작용에 어려움을 겪는 경우가 있다. 이는 사회적 상황에서 타인과 적절히 관계를 맺는 방법을 익히는 데 시간이 더 걸리기 때문이다.

사회성은 공감, 자기 통제, 감정 조절 등과 관련된 전두엽 기능과 연관이 있지만, 단순히 뇌의 발달만으로 설명되지는 않는다. 양육 환경, 애착 경험, 사회적 자극 등 다양한 요소가 함께 작용한다. 전두엽 기능이 미성숙하거나 관련 기술을 충분히 습득하지 못한 경우, 상황에 따라 말과 행동을 조절하는 데 어려움을 겪을 수 있다.

이로 인해 지나치게 적극적이거나 매우 내향적인 아이들은 또래 관계에서 반복되는 부정적인 경험을 겪을 수 있고, 이는 자존감 저하로 이어지기도 한다. 그 결과, 사회적 상호작용에 대한 위축과 관계 형성의 어려움으로 연결될 수 있다.

러셀 에릭슨의 동화 『**화요일의 두꺼비**』는 퉁명스러운 올빼미와 명랑하고 다정한 두꺼비가 친구가 되어 가는 과정을 따뜻하면서도 긴장감 있게 그려낸 이야기이다. 사람처럼 말하고 행동하는 있는 그대로 소중하다는 사실을 글과 그림으로 엮었다.

이야기는 '위미커스'라는 나무 인간들의 마을을 배경으로 펼쳐진다. 이들은 서로의 외모나 능력을 평가하며 별표나 점을 붙인다. 주인공 펀치넬로는 실수가 잦아 늘 점만 받으며 자신감을 잃어간다. 그러던 중, 누구의 평가에도 흔들리지 않는 루시아를 만나게 되고, 그녀의 말에 따라 자신을 만든 목수 엘리를 찾아간다.

엘리는 펀치넬로에게 말한다.
"넌 내가 만든 작품이란다. 세상에서 단 하나뿐인, 아주 특별한 존재야." 이 말은 펀치의 마음속에 깊이 새겨지고, 곧 그의 몸에서 점점 하나가 떨어져 나간다. 이 책은 아이들이 타인의 평가가 아닌, 자기 자신을 인정하고 존중하는 것이 자존감의 시작임을 자연스럽게 이해하도록 돕는다.

그리고 이 메시지는 아이들뿐 아니라, 모든 세대에게 따뜻한 위로와 확신을 전한다.
"너는 특별하단다"라는 한 문장은 누구에게나 꼭 필요한 말이다.

관계 맺는 힘을 기르는 이야기책

또래와의 관계를 형성하고 유지하는 일이 도전처럼 느껴지는 아이들이 있다. 그러나 타인과의 관계는 동질감과 상호작용, 이타고자 한다. 이 글이 일반 독자는 물론, 책을 매개로 상담, 강의 등 교육 현장에 있는 전문가에게도 책 선정에 유용한 참고 자료가 되기를 바란다.

자존감을 키우는 이야기책

어릴 적부터 내면화해야 할 가치 중 가장 중요한 것이 자아 존중감이다. 자아 존중감(Self-esteem)은 한 개인이 스스로 어떻게 인식하느냐에 대한 문제로, 개인의 인지, 동기, 정서, 행동에 강한 영향을 미친다. 아동기에 나타나는 특이한 문제 유형들은 자존감과 깊은 관련이 있다.

사람은 누구나 자신이 인정받고 존중되기를 바란다. 스스로 존중하며 살아가는 삶은 그 무엇보다 가치 있다. 그 누구도, 어떤 것으로도 비교할 수 없는 소중한 존재이기 때문이다. 자기를 존중할 때, 우리는 자신의 중요성과 인간의 존엄성을 더 깊이 인식할 수 있다.

맥스 루케이도의 『너는 특별하단다』 시리즈는 그러한 메시지를 아이들의 눈높이에 맞춰 따뜻하게 전하는 그림책이다. 작가는 "책을 읽지 않는 사람들을 위해 책을 쓴다"라는 말처럼, 누구나

01 책 한 권이 건네는 빛

우리는 책을 읽다가 한 글귀나 문장에서 마음에 파동을 느낀 적이 있다. 더 나아가, 우연히 펼친 책 한 권으로 삶의 방향이 바뀌었다는 이야기를 듣기도 한다. 그것이 꼭 유명한 문학가나 철학자의 명언이 아니어도, 책이 전하는 희망의 빛은 충분히 밝고 깊다. 이처럼 독서는 단순한 읽기 행위가 아니라, 마음을 키우고 몸을 건강하게 이끄는 하나의 과정이라 할 수 있다.

책은 단순한 정보의 집합체를 넘어, 마음을 따뜻하게 감싸주는 안식처가 되기도 한다. 독서를 통해 우리는 위로를 받고, 긍정적인 성장을 위한 용기를 얻는다.

나는 독서심리상담사로서 20년 이상 현장에서 활동하며, 아이부터 어르신까지 좋은 그림책과 동화책을 통해 성장하고 변화하는 모습을 가까이에서 지켜보았다. 그 경험을 바탕으로, 이 글에서는 성장과 회복이 필요할 때 도움이 될 수 있는 책들을 소개하

8장.
마음에 닿는 책 처방전

책은 사랑의 빛이다.
사랑을 읽는 시간으로 삶을 확장할 수 있다.
이제 우리 모두 사랑에 빠져보자.

Part 4.
회복의 실천, 책으로 만나는 마음

들의 마음을 보살피는 일을 하기로 결심했다.

하경이는 요즘 공부를 한다. 책을 읽고, 글을 쓴다. 그토록 싫었던 SNS도 다시 적극적으로 활용하는 중이다. 하경이는 자신이 알게 된 것을 영상으로 만들고, 사진도 찍어 올리기로 했다. 하경이는 그 첫 작업으로 지우가 말했던 하와이 와이키키 해변의 사람들의 모습을 찍을 계획이다.

우리는 다르게 살 수 있다

지우를 이해하고, 자신을 용서하기 위한 하경이의 노력은 계속되었지만, 그 결실은 아득하게만 느껴졌다. 얼마 전, 언론보도를 통해 알게 된 국민건강보험공단 식이장애 진료 현황 기사에 따르면 2018년에서 2022년 사이에 전체 섭식장애 관련 진료 기록은 매년 증가해 왔고, 80% 이상이 여성이며, 10~20대 여성의 진료는 7배 가까이 증가했다고 한다. 이는 우리만의 문제가 아니었다. 영국 공공보건의료 기관인 '국민건강서비스(NHS)'에 따르면, 2023년과 2024년 사이 섭식장애로 NHS에 입원한 환자는 코로나19 이전 대비 약 60% 증가했다고 한다. 단 1년 만이다. 이에 대해 미국 연구진들은 스마트폰과 소셜미디어의 장시간 사용을 가장 주요한 요인으로 꼽는 중이다.

하경이는 기사에서 소개해 준 책과 자료를 열심히 찾아보았다. 이를 통해 최근 몇 년간 기이할 정도로 지우와 같은 사람들이 폭증하고 있는데, 예방이나 치료 분야는 그 증가세를 전혀 따라잡지 못하고 있다는 것도 알게 되었다. 하경이는 세상의 수많은 지우를 돕고 싶었다. 지우가 세상을 떠날 때, 하경이는 지우 옆에 있어 주지 못했다. 쌍꺼풀 수술 중이었기 때문이다. 하경이는 자신의 쌍꺼풀도 용서하고 싶었다. 하경이는 자해나 섭식장애에 대한 정보와 속 이야기들을 더 적극적으로 알리고, 10~20대 여성상이라는 것과 이 둘이 서로 어떻게 맞물려 증상을 일으키는지, 섭식장애가 있으면, 뇌나 신체 기관, 호르몬 등의 변화가 어떤 식으로 일어나는지에 대한 정보를 얻을 수 있었다. 또한, 섭식장애와 자폐 성향, 유전적 소인에 대한 이슈, 강박과 중독에 관한 연결성까지도 알게 되었다. 이러한 깊은 지식은 SNS가 자해나 섭식장애 유발에 관계성이 있긴 하지만, 그것만으로는 설명될 수 없다는 것을 이해하는 데 큰 도움이 되었다.

이쯤 되었을 때, 하경이는 깨달은 게 하나 있었다. 이 모든 이야기 속에는 원가족의 불화 속에 방치된 어린 시절, 혹은 가난과 같은 약자의 이야기들이 숨어있다는 것이었다. 지우도 이혼 가정의 자녀였다. 부모의 끝없는 싸움을 매일같이 지켜봐야 했던 딸이었다. 비정상적인 방법을 써가면서까지 세상이 말하는 예쁨에 집착하는 건 예뻐야 세상이 자신을 받아줄 거라는 왜곡된 인지가 있기 때문이다. '예쁨'을 잃으면 버려지고, 상처받고, 무시당하며, 자신의 존재감을 지켜낼 수 없을 거라는, 공포에 가까운 감정과 함께 말이다. SNS는 관심받고, 사랑받는 느낌을 매우 단순하고 말초적이지만 순간적으로 번쩍, 감각할 수 있게 해준다. '좋아요'는 자아감이 약한 지우에게는 마약 같은 것이 아니었을까. 진짜 속내는 '그저 사랑받고, 또 사랑하며 살고 싶다'는 욕구의 결핍이었을 텐데 말이다.

보들이 아무렇지도 않게 버젓이 공유되고 있었다. SNS가 보여주는, 극한의 왜곡된 이야기들은 하경이의 상상을 초월했다. 지우가 이런 걸 24시간 내내 보며 살고 있었다니.

　지우의 SNS를 통해 연결된, 지우와 비슷한 사람들에게 하경이는 제발 자신을 아프게 하지 마시라고 진심을 담아 댓글을 달기도 했다. 하지만 무한히 거대한 SNS 세상에서 하경이의 댓글은 너무도 작고 하찮았다. 그러던 어느 날, 하경이는 지우와 같은 어려움을 겪는 사람이 쓴 글을 읽게 되었다. 많은 이들에게 도움을 주고 공감을 받았던 그 글은 현재 책이 되어 있었다. 정유리의 『날것 그대로의 섭식장애』라는 책이었다. 책은 인터넷에 무작위로 돌아다니는 온갖 정보성 글과는 그 결이 전혀 달랐다. 작가의 말처럼 날것이면서도 개인적이고, 동시에 보편적이었다. 치료와 관련된 정보도 많이 얻을 수 있었다. 가장 와닿았던 건 내밀한 심리를 알 수 있다는 것이었다. 하경이는 그녀의 글을 읽으며 인터넷에 그렇게도 수많은 정보와 글들이 많은데 왜 자꾸 책을 읽으라고 하는지 이해하게 되었다. 그녀의 글을 읽으며 홀로 고통받았을 지우의 속마음을 조금은 알 수 있을 것 같았다.

　『날것 그대로의 섭식장애』 다음으로 만난 책은 해들리 프리먼의 『먹지 못하는 여자들』이었다. 이 책은 폭식이 아닌 거식에 초전이 맞춰진 책이다. 하경이는 책을 통해 거식과 폭식이 다른 증고, 이 남자는 대머리야. 근데 표정들 봐봐. 다 너무 행복해 보이지 않아? 넌 만약에 네 배가 불룩하고, 오리 궁둥이에, 코끼리 허벅지라면 이렇게 수영복 입고 해변에 앉아있을 수 있겠어? 난 못 해. 절대 못 할 것 같아. 그런데 이 사람들은 어떻게 이렇게 아무렇지도 않은 걸까?"

지우는 지금 하경이 곁에 없다. 고2 겨울방학, 하경이가 쌍꺼풀 수술을 받고 나왔을 때, 하경이의 핸드폰에는 지우의 부고 문자가 와 있었다.

지우와 함께 하와이 해변을 꿈꾸며 까르륵 웃었을 때, 그때 만약 더 많은 이야기를 나누었다면, 그랬다면 지우는 지금 하경이 옆에 있었을까.

이제라도 너를 이해하고 싶어

하경이는 지우 생각에서 단 한 순간도 벗어날 수 없었다. 지우와의 추억과 모습, 목소리가 담긴 스마트폰을 손에서 놓을 수 없었고, 지우의 SNS 게시글과 댓글을 보고 또 보았다. 그러면서 하경이는 여러 가지를 알게 되었다. SNS에는 이게 정말일까 싶은 자기 파괴적이고 엽기적인 다이어트 방법, 폭식과 거식 관련 정

"이건 다 내가 못생겨서 그런 거야"라는 생각들

고등학생 지우는 남자친구가 생겼다. 하지만 지우의 남자친구는 하루가 멀다고 바뀌었다. 변화무쌍한 지우의 감정 변화와 예민함을 감당할 수 없었기 때문이다. 하경이는 불안했지만, 하경이도 지우와 별반 다를 게 없는, 예쁜 게 좋고, 인기 많은 게 좋은 평범한 여고생일 뿐이었다. 하경이는 가볍게 생각했다. '우리가 이런 건 사춘기라서야'라고 말이다. 하지만 지우는 생각이 조금 달랐다. 지우는 자꾸 남자친구와 헤어지는 게 모두 자신의 외모 때문이라고 생각했다. 지우와 하경이의 꿈은 비행기 승무원이었는데 학교나 학원에서 모의시험 점수가 조금이라도 낮게 나오거나, 실기시험 결과가 좋지 않으면 지우는 그것도 그날 아침 화장이 잘 안되어서, 혹은 전날 음식을 먹어 살이 쪄서라고 생각했다. 하경이는 지우가 지나치다고 생각했지만, 지우는 자신을 철저히 통제하고 관리하면 할수록 어딘가 마음이 놓인 표정을 지었고, 승무원을 향한 꿈에 한 발짝 더 가까이 다가갔다고 말하곤 했다.

지우가 또다시 남자친구에게 이별 선언을 받은 날, 편의점 앞에 쪼그리고 앉아 스마트폰을 스크롤하던 지우는 하경이에게 스마트폰으로 사진을 한 장 보여주었다. 하와이 와이키키 해변이라고 했다. "이거 봐! 여기 사람들 말이야. 이 사람은 배불뚝이 늙은 할아버지고, 여기는 쭈글쭈글한 할머니고, 이 아줌마는 엄청 뚱뚱하

댓글을 하경이에게 보여주며 "뭐야, 나 살쪘어? 진짜 그래 보여?"라고 물었다. 댓글은 별 내용이 아니었다. 얼굴이 부어 보인다고 적혀 있었던 것 같다. 지우를 걱정해 주는 댓글인 것 같은데, 지우는 전혀 그렇게 받아들이지 않았다. 자기보고 살쪘다고 악플을 달았다는 것이다. 하경이가 보기엔 악플도 아니었고, 살쪘다는 말도 아니었다.

지우는 끊임없이 스마트폰으로 사진을 찍어 올렸고, 반응과 댓글을 확인했으며, 밥을 먹거나 화장실을 갈 때도 스마트폰을 들고 있었다. 심지어 화장실 조명에서 찍을 때 가장 예쁘게 나온다며 화장실에서도 사진을 찍어 올렸다. 하경이는 지우에게 스마트폰 좀 제발 그만하라고, 넌 나보다 SNS 사람들이 더 소중하냐고 말해보기도 했지만, 지우를 말릴 수는 없었다. 지우는 특히 체중과 음식에 과하다 싶을 정도로 예민했다. 언젠가부터 보이는 지우의 손등에 있던 굳은살과 상처 자국, 목 주변에 보랏빛으로 얇게 터져 있던 실핏줄. 하경이는 그것이 무엇을 의미하는지 몰랐다. SNS의 반응과 댓글을 보며 지우는 점점 더 신경질적인 아이로 변해갔다. 하경이는 그런 지우를 보며 멀어졌다 가까워지기를 반복하며 고등학생이 되었다.

03 For. 친구) 우리는 다르게 살 수 있다

예뻐 보이는 게 좋았던 중학생 소녀들

지우는 참 예쁜 친구였다. 초등학교 때까지만 해도 뚱뚱하고 못생겼다는 놀림을 받았지만, 중학생이 되면서 키가 훌쩍 컸고, 살이 빠졌으며, 성숙한 몸매를 갖게 되었다. 지우는 그 모습을 유지하기 위해 항상 소량의 건강한 음식만 먹었다. 지우의 단짝 친구인 하경이도 키가 큰 편이었다. 지우와 하경이는 중학교 때 만나 뒷자리에 앉거나 짝꿍이 되면서 친구가 되었다.

하경이와 지우는 스마트폰으로 여러 SNS 서비스를 사용했었다. 하경이와 지우가 SNS에 사진이나 영상을 올리면 사람들은 예쁘다고 '좋아요'를 눌러주었고, 칭찬의 댓글을 남겨 주었다.

그러던 어느 날이었다. 지우가 SNS에 올린 자기 사진에 달린들과 노는 것을 영상 보는 것보다 더 좋아했었다. 네모아저씨를 영상으로 보는 게 아니라 직접 찾아가 뵙고 싶어 했고, 네모아저씨가 오프라인으로 행사를 한다고 하면 엄마에게 떼를 쓰며 어떻게든 가고 싶어 했다.

우진이를 위한 파란 토끼, 연이는 안다. 우진이의 마음속 세상에는 여전히 나비들이 반짝이며 아름답게 날고 있다는 것을. 마음속 나비들은 그 안에서 충분히 건강하게 성장하면 언젠가 분명 꽉 차올라 이곳, 진짜 세상 밖으로 나올 것이다. 연이는 오늘도 우진이와 함께 나비를 접는다.

금빛 은빛 나비들아, 날아오르렴!

집에는 우진이가 어릴 때 사 놓은 여러 종이접기 책과 다양한 종류의 색종이들이 잔뜩 있었다. 연이는 너무 지쳐 아무것도 할 수 없는 날이면 책과 색종이를 집어 들고 그저 멍하니 종이를 접었다.

연이가 바깥일을 보고 돌아온 어느 날이었다. 거실 탁자에 여러 마리의 나비들이 접혀 있었다. 그런데 아무리 기억을 떠올려도 연이가 접은 나비들이 아니었다. 게다가 나비는 우진이가 어린 시절, 평소에 워낙 아껴서 쓰지도 않던 금색 은색 색종이로 접혀 있었다. 엄마가 집에 없는 동안 우진이가 나와서 나비를 접어 놓고 들어간 것이다! 그날 이후, 연이네 집 거실 책상 위에는 책의 종류가 하나 더 늘었다. 바로, 종이접기 책이다.

우진이는 어린이집과 유치원 시절, 아이들에게 인기가 많은 아이였다. 모두 종이접기 덕이었다. 생각해 보니 우진이는 그때도 집에 오면 스마트폰을 끼고 살았다. '네모아저씨'라는 이름의 유튜브 채널을 보며 종이접기를 하기 위해서였다. 하지만 네모아저씨는 우진이에게 스마트폰 중독을 일으키지 않았다. 네모아저씨의 영상을 보고 싶어서 매번 안달했지만 잠도 잘 잤고, 종이접기 책을 포함한 온갖 그림책을 재미나게 읽었으며, 밖에 나가 친구폰이었던 것 같았다. 연이는 중독에 관한 이야기 중에 세라 페이턴의 책 『공명하는 자아』를 통해 알게 된 베트남 참전 용사들의 헤로인 중독 이야기와 쥐 실험 이야기가 무척 인상 깊었다. 전쟁 중에 헤로인 중독이 되었던 사람 중 단 5%만이 귀향 후에도 헤로인 중독 상태를 유지했다는 이야기와 모르핀에 중독된 쥐들을 환경이 좋은 생쥐 공원에 풀어 주었더니 모르핀을 복용하지 않았다는 이야기이다. 쉽게 말해, 고통스럽고 힘든 일들을 견뎌내려고 중독물질을 사용하게 된 것이기 때문에 그런 고통과 힘듦이 사라지면 굳이 중독물질을 찾지 않게 된다는 뜻이었다. 만약 우진이가 사람들과 교류하고 지내는 기술을 잘 습득하고, 그것이 무섭고 두려운 일이 아니라 기쁘고 즐거운 일이라는 걸 깨닫게 된다면 스마트폰 세상 속으로 도망쳐 그 안에 갇혀 지내지 않게 될 수도 있다는 뜻이기도 했다. 『공명하는 자아』는 내면의 비판자를 변화시키는 작업을 돕는 책이다. 이 책은 연이 자신을 위해 선택한 책이었다. 자꾸만 자신을 비난하고 신세 한탄을 하게 되어 힘들었던 연이는 이 문제를 해결하려고 방법을 찾다가 이 책을 발견했다. 하지만 연이는 그 안에서 우진이를 위한 이해를 얻었고, 파란 토끼가 되어 갔다.

의 모습이 보여주는 사실 너머에 있는 진실, 진짜 우진이를 기억하고 볼 수 있는, 이 세상에 단 하나밖에 없는 유일한 존재였다. 파란 토끼는 보이지 않는 엄마 판다의 속마음을 알아주었다. '아이를 이해해 보리라. 아이의 모습 뒤에 있는 더 깊은 진실을 헤아려 나가 보리라.' 연이는 나무 위 엄마 판다가 아니라, 우진이를 위한 파란 토끼가 되기로 결심했다.

연이는 이철환의 『위로』를 읽고, 깊은 우울에서 벗어나 우진이를 향한 사랑의 힘을 되찾았던 일을 떠올리며 도서관에 가서 내면의 힘을 지켜내도록 도와주는 책을 찾아 읽기 시작했다. 정말 많은 책을 읽었고, 강의도 찾아 들었으며, 연이와 같은 사람들을 열심히 만났다. 그러면서 알게 된 것들도 있었다. 우진이는 학업 중단과 은둔 증상이 있는 아이 중에 그래도 꽤 상태가 좋은 편이었다. 우진이는 자기 몸을 해치지 않았고, 좋아하는 음식이 있었으며, 화장실도 잘 갔다. 지엽적이지만 엄마와 대화도 했으며, 배 아프면 배 아프다, 이 아프면 이 아프다, 말도 했다. 그에 반해, 여자아이들 어머님 중에는 응급실과 병동을 오가며 너무나 가슴 아픈 삶을 살고 계시는 분들도 많았다.

그동안 공부해 온 결과, 우진이는 원래 기질적으로 내향적이고, 사회적 기술이 부족해 친구들과 지내는 게 어렵고 힘든 면이 있는데, 이 힘듦을 상쇄해 준 컴포트 존(Comfort zone)이 스마트고 먹을 것을 찾으러 나갔다 돌아왔는데, 돌아오는 길에 보니 어미 판다가 남긴 발자국 바로 옆에 반대 방향으로 찍혀 있는 인간의 발자국. 허겁지겁 아기들에게로 돌아왔지만 텅 빈 집. 그날 이후, 엄마 판다는 눈이 내리면 어디에도 자기 발자국이 남지 않도록 하염없이 나무 위에 올라가 있었다.

연이는 우진이를 잘 먹이고, 입히고, 가르치려고 아이를 두고 회사를 다녔다. 연이에게도 힘든 시간이었다. 그렇게라도 해서 벌어온 돈이 우진이를 정말로 잘 먹여주고, 입혀주고, 공부도 시켜주고 있다고 믿었다. 하지만 지금 우진이의 방에는 우진이가 없다. 저 방에 있는 우진이가 이철환의 『위로』에 마음이 닿는 아이인 우진이일 리 없었다. 우진이는 어디로 간 걸까. 연이는 회사는커녕, 더는 세상 밖으로 나가 다닐 수가 없었다. 진짜 우진이가 사라진 지금의 우진이 옆에 24시간 붙어 지내며, 예전의 우진이로 돌아오기만을 하염없이 기다리는 중이었다.

그저 멍하니 나무 위에만 있는 엄마 판다를 보며 다른 동물들은 말한다. 왜 저러고 있냐고, 미련스러운 행동이라고, 이해할 수 없다고 말이다. 책 속 주인공 중 하나인 파란 토끼는 그런 동물들에게 판다에 대해 모르면서 함부로 말하지 말라고 말한다. 연이는 주체할 수 없이 흐르는 눈물을 닦아내고, 파란 토끼를 들여다보았다. 우진이에게 있어서 연이는 지금 저 방 안에 있는 우진이서는 우진이를 잘 알고 계셨다. 연이는 상담 선생님의 안내에 따라 학업중단숙려제를 신청했고, 설명을 들었으며, 학부모 상담도 받았다. 상담 선생님께서는 우진이가 금방 좋아지는 건 쉽지 않다는 점, 이 시간이 아주 길어질 수 있다는 점, 그러니 연이 자신부터 먼저 힘을 되찾고 정신 바짝 차려야 한다는 점을 알려주셨다. 상담을 마치고 집으로 돌아가는 연이에게 상담 선생님은 한 권의 책을 선물해 주셨다. 우진이가 상담실에 오면 가끔 들여다보던 책이니 우진이에게 전해달라고 하셨다. 이철환의 『위로』라는 책이었다.

집으로 돌아온 연이는 잠시 멍하니 앉아있다가 상담 선생님께서 주신 책을 펼쳤다. 우진이는 어떤 마음으로 이 책을 펼치곤 했을까. 책 『위로』는 다른 사람은 모르지만 연이는 알고 있는, 어릴 적 착하고 순했던 우진이를 닮아 있었다. 예쁘고 고운 그림과 한없이 순하고 보드라운 글들로 꽉 차 있는 책이었다. 연이는 책에 나오는 나비가 우진이 같았다.

책을 읽는 중간이었다. 한겨울, 눈 내리는 날이면 나무 위로 올라가 내려오지 못하는 엄마 판다의 이야기가 있었다. 연이는 그만 그 부분에서 더는 책을 읽어나갈 수 없었다. 엄마 판다는 연이였다. 시리고 추운 겨울, 눈이 너무 많이 내려 먹을 것을 구할 수 없었던 엄마 판다. 아기 판다들이 굶어 죽을까 봐 내리는 눈을 뚫을 저질렀다. 우진이는 가출했던 건 아니지만 40대 남성과 아이들 무리에 같이 있었고, 술도 마셨다. 스마트폰 위치 추적 등 여러 노력으로 아이들이 있는 곳을 알아냈고, 경찰이 장소를 급습해서 40대 남성을 구속하였으며, 다행히 아이들 모두를 경찰서로 데려온 상황이었다. 경찰서에 있는 우진이에게서는 술 냄새가 나고 있었다. 연이는 먼저 우진이를 데리고 근처 가장 가까운 응급실부터 갔다. 다행히 별 큰 이상은 없었다. 응급실 한 칸, 링거를 맞고 깊이 잠든 우진이를 놓고 연이는 급하게 집으로 돌아갔다. 혹시 또 무슨 나쁜 게 있을까 싶어 우진이의 모든 물품을 뒤졌다. 한참을 그렇게 정신 나간 사람처럼 다 끄집어내는 데 집중하다가 연이는 우진이의 책상 밑에 있는 상자 하나를 발견해 열고는 그만 상자를 붙든 채 주저앉아 한참을 울었다. 상자 안에는 우진이가 어렸을 때 곱고 여린 손가락으로 정성껏 접어 만들었던 온갖 종이접기 작품들이 고스란히 들어 있었다. 개구리, 부엉이, 공룡, 비행기와 팽이, 자동차와 배, 예쁜 꽃송이까지 말이다.

파란 토끼 프로젝트

병원에서 집으로 돌아온 우진이는 그날 이후, 지금까지 학교에 가지 않고 있다. 연이는 우진이의 등교 문제로 학교에 갔고, 담임교사를 통해 교내 상담교사를 만나 뵙게 되었다. 상담 선생님께 연이는 회사를 그만두었다. 우진이의 일거수일투족을 낱낱이 챙겼고, 스마트폰에는 부모가 꼼꼼하게 관리할 수 있게 해준다고 하는, 제일 비싼 자녀폰 지킴이 앱을 설치했다. 우진이는 엄마의 그런 돌봄을 견뎌내지 못했다. 언행은 걷잡을 수 없이 난폭해져 갔다. 어느 날 돌아보니 연이는 우진이를 무서워하는 지경까지 이르렀다. 우진 아빠는 사춘기라서 그런 거니 애 좀 그냥 내버려두라고 할 뿐, 아무런 도움이 되지 않았다. 정말 사춘기라서 그런 걸까. 그러면 다른 집 중학생들도 우진이와 비슷해야 하는 거 아닌가. 남편도 저렇게 무심한데 자식까지 이 모양이라니. 연이는 깊은 우울에 빠져들었다.

스마트폰과 어둠의 덫

그러던 어느 날, 연이는 경찰서로부터 전화를 받았다. 정신없이 가보니 아이들이 여럿 더 있었다. 사건은 이러했다. 우진이와 평소에 DM이라는 것을 통해 알고 지내던 아이 중 몇이 가출을 했고, 가출한 아이들은 자신들이 가출했는데 머무를 데가 없다는 DM을 스마트폰으로 보냈으며, 아이들의 DM을 본 40대 중반의 남자가 아이들에게 바로 연락을 취해 남자 혼자 사는 집으로 데려갔다. 40대 남성은 아이들을 먹여주고 재워주었으나 아이들에게 먹인 것은 술이었고, 여자아이들에게는 해서는 안 될 몹쓸 짓

우진이는 친구 없어요, 아싸예요

6학년 졸업식 날이었다. 졸업식이 끝나고 다른 아이들은 여기저기에서 친구들과 사진을 찍느라 여념이 없는데 우진이는 집에 빨리 가자는 말만 했다. 답답했던 우진 엄마는 우진이가 워낙 숫기가 없고 얌전해서 그러나 싶어 우진이에게 "너도 친구들이랑 사진 찍어야지"라고 말하며 옆에 있던 같은 반 아이에게 우진이와 같이 사진을 찍자고 했다. 아이가 연이에게 말했다. "아씨. 얘, 친구 없어요. 아싸예요. 저도 얘 친구 아니에요."

집에 가는 길, 연이는 스마트폰을 꺼내서 '아싸'가 무슨 뜻인지 검색했다. '아싸'는 '아웃사이더, 혼자 노는 사람'이라는 뜻이었다. 집에 온 연이는 들어가자마자 우진이를 불러 앉혔다. "너 맨날 친구 만나러 나간다고 그랬잖아. 이게 무슨 말이야. 친구가 없다니. 아싸라니. 이게 다 무슨 말이냐고!" 연이는 기가 막혔다. 우진이는 분명 매일 친구들과 연락을 주고받았다. 항상 스마트폰을 끼고 살았고, 연이가 말을 걸면 친구랑 얘기해야 해서 바쁘다고 하며 방으로 들어가 버리곤 했다. 그 친구들은 다 누구란 말인가. 강제로 스마트폰을 빼앗아 열어 보니 친구들과 대화한 게 맞긴 맞았다. 하지만 그 친구들은 같은 반 친구들이 아니었다. 스마트폰을 통해 만난 온라인 세상 친구들이었다. 연이는 그날에야 친구 만나러 나간다는 건 PC방에 간다는 뜻이었다는 걸 알았다.

야동 보는 아이, 우진이

초등학교 4학년 때였다. 우진이 담임교사로부터 전화가 왔다. 우진이가 학교에 오면 잠만 자고, 입을 닫고 지내며, 반 친구들과의 관계도 좋지 않아 걱정되셔서 전화하셨다고 했다. 담임 선생님께서는 전화 상담 마지막쯤, 이렇게 말씀하셨다. "어머님, 우진이가 아무래도 야동을 보는 것 같습니다. 가정에서 스마트폰이나 컴퓨터를 관리해 주셔야 할 것 같아요."

연이는 그날 저녁, 우진이와 대화를 나누었고, 대화는 불같은 화로 끝났다. 선생님의 말씀은 사실이었다. 시작은 이랬다. 우진이 말로는 친구들과 스마트폰으로 자기 이름을 검색하는 놀이를 했다고 한다. 본인의 이름을 검색했는데 유명인이 나오는 게 재미있었던 모양이다. 그러다가 검색창에 오타를 넣게 되었고, 오타로 인해 유해한 정보에 노출되었으며, 우진이와 아이들은 그렇게 해서 야한 영상을 접하게 되었다고 했다. 연이는 반성의 의미로 그날부터 얼마간 잠시 컴퓨터와 스마트폰을 못 쓰게 했다. 그 정도면 될 줄 알았다.

02 For. 부모) 금빛 은빛 나비의 꿈

우진이는 오늘도 학교에 가지 않았다

　우진이의 엄마인 연이는 출근 전, 우진이의 방문을 열어 보았다. 우진이는 아마 가족 중 가장 마지막으로 나가는 엄마의 문소리를 듣고 나면 일어날 것이다. 방 안에 실수하지는 않는 걸로 봐서 화장실은 가는 것 같다. 출근하는 연이의 가방에는 종이접기 책 『네모아저씨의 페이퍼 블레이드』가 들어 있다. 『네모아저씨의 페이퍼 블레이드』는 연이가 일하고 있는 학교에서 수업에 사용하는 교재이다. 연이는 집 근처 학교의 늘봄교실 종이접기 강사이다. 어린 시절, 정말 순한 아이였던 우진이를 통해 알게 된 종이접기가 연이에게도 이어져 종이접기 강사까지 하게 된 것이었다. 연이는 우진이 덕에 지금은 선생님 소리를 들으며 살고 있건만. 중학생 우진이는 막상 등교 거부를 하며 집, 아니 자기 방 안에서 은둔생활 중이다.

었다. 2학기, 아이들은 준혁이와 함께 운동장에서 축구를 했다. 자책골은 한 번도 없었다. 아이들은 멋진 레고가 많은 준혁이네 집에 놀러 갔으며, 준혁이의 방은 자연스레 깨끗해졌다.

　진이는 잠시 멈춰 준혁이 어머님을 떠올려 본다. 그리고 이 순간, 어딘가에서 진이처럼 스마트폰으로 인해 자녀들과 전쟁을 치르고 있을 수많은 어머님과 아버님, 교사들을 떠올려 본다. 학교에는 제법 훌륭한 도서관이 있었고, 준혁이와 아이들의 다양한 학습을 충분히 지원하는 교육환경이 있었으며, 안정적 기반 위에서 함께 마음껏 사춘기의 극성스러움을 같이 뿜어내 준 친구들과 아이들을 믿고 지지해 준 교사들이 있었다. 현재 아이들에게 벌어지는 그 모든 일이 어떻게 어머님이나 아버님, 혹은 교사 1인만의 부족으로 일어났을까. 우리 모두의 부족함이고, 우리가 만들어 온 세상 모두의 부족함이지 않을까. 어쩌면 우리에게 정말 필요한 것은 멋진 도서관에서 함께 책을 읽으며 살아가는 마을인지도 모르겠다.

장영실 선생님, 도토리 껍질 깨주셔서 감사합니다

2학기 중반이었다. 학교로 아주 화려한 모양새의 상장과 상품이 배달되었다. 레고 회사에서 나온, 영어로 뭐라 적혀 있고, 금빛이었으며, 크기가 큰 상장이었다. 놀랍게도 상장 수여자는 준혁이었다. 미래의 레고 디자이너가 될 인재에게 주는 상이라고 했다. 알고 보니 준혁이는 어렸을 때 레고를 무척 좋아했는데, 언젠가부터 잊고 지내다가 장영실 책을 읽고는 다시 레고를 손에 잡았으며, 레고로 시계를 만들어서 어떤 대회에 나갔고, 그게 그 나름 큰 상을 받은 것이었다.

진이는 극성스러운 여러 아이들을 챙기느라 준혁이의 내면을 꼼꼼히 살펴줄 여유가 없었다. 하지만 다행히도 준혁의 내면 작업은 계속되었던 모양이었다. 준혁은 엄마에게 장영실 책을 사달라고 했으며, 그 책들을 읽으며 자기만의 시계를 떠올렸다고 한다. 과거나 미래로 돌아갈 수 있는 시계였다. 아픈 기억이나 나쁜 기억을 고칠 기회를 주는 시계였다. 준혁이는 자기가 태어나서 엄마가 너무 힘들게 살아서 미안하다고, 엄마를 위해 이 시계를 만들었다고 했다.

진이와 영재반 교사들은 영재반 수업 때 수여식을 해주면서 준혁이에게 상장과 상품을 전달했다. 아이들은 진심으로 기뻐해 주

그날 이후, 준혁이는 조금 바뀐 방식으로 명이와 반 아이들을 당혹스럽게 만들기 시작했다. 수업 중간에 갑자기 뜬금없는 말들을 툭툭 뱉어내기 시작했기 때문이다. 예를 들면 이런 거다. 수업 중에 큰 소리로 갑자기 아이들 다 있는 데서 "아, 씨팔, 우리 엄마 화냥년이라더니. 우리 엄마가 아니라 그 새끼들이 개새끼들이었어. 그죠? 맞죠, 선생님?" 준혁이의 뜬금없는 말을 들으며 아이들은 준혁이가 왜 그렇게도 딱딱한 도토리 껍질을 갖게 되었는지 조금씩 이해해 나갈 수 있었고, 준혁이를 향해 마음이 열려갔다. 아이들은 정말 극성스럽다 싶을 정도로 준혁이를 챙기기 시작했다. 아침에 같이 학교 오고, 진이가 챙기기도 전에 먼저 준혁이의 스마트폰을 점검해 주고, 준혁이를 불러서 같이 놀았다. 준혁이의 스마트폰에 유해환경 차단 프로그램을 깔아준 것도, 게임 시간제한 앱을 깔아준 것도 모두 친구들이었다. 진이와 어머님께서 아무리 시도해도 안 되던 것들이 단 며칠 만에 해결되었다. 어디서 배워왔는지 한 아이는 준혁이가 수업 중에 짜증 부리고 화를 내기 시작하면 "야, 숫자 센다. 열 셀 거야. 멈춰봐"라고 하기도 했다. 아이들의 그런 모습에 놀란 진이가 그런 건 또 어디서 배웠냐고 물었더니 아이들이 '분조장'을 어떻게 고치는지 유튜브에서 다같이 봤다고 했다. '분조장'은 분노조절장애를 뜻하는 말이라는 걸 진이는 그날 처음 알았다. 진이는 아이들에게 준혁이를 '분조장'이라고 부르면 안 된다고 혼냈지만, 속으로는 아이들이 기특했다.

시작했다. 준혁이 편을 들기 시작한 것이다. 준혁이를 엄하게 대하는 진이를 보며 아이들은 진이로부터 준혁이를 감싸주기 시작했다.

　책에 대해 아는 게 아무것도 없던 준혁이는 성의 없이 아무렇게나 독서기록장을 채우고 스마트폰을 돌려받고는 했다. 그러던 어느 날이었다. 도서관 가서 대충 아무거나 적어올 때가 되었는데 준혁이가 교실로 돌아오지 않았다. 튀었나?! 엄습하는 불안감을 달래며 도서관으로 간 순간, 진이는 믿을 수 없는 장면을 보았다. 준혁이가 책을 읽고 있었다.

　전주였던 것 같다. 한 아이가 이순신 장군 독후 활동과 함께 거북선을 만들어 발표했다. 아이는 박수를 받았고, 진이는 거북선 이야기와 함께 조선 시대 과학자인 장영실과 그를 발굴한 세종대왕 이야기를 잠깐 해주었다. 다른 아이가 말했다. 장영실은 기생 아들로 태어난 천한 자였다고 말이다. 준혁이 기생이 뭐냐고 물었던 것 같다. 진이는 노래나 춤에 능했던 아름다운 조선 시대 여인들로, 양반들의 여가에서 흥을 돋우는 일을 하던 사람들이라고 답해주었던 것 같다. 준혁이는 그때 장영실 이야기를 마음에 담았나 보다. 진이가 준혁이를 찾으러 가야 할 정도로 오랜 시간 몰입해 읽고 있던 책의 제목은 '장영실'이었기 때문이다. 진이는 준혁이를 두고 조용히 도서관을 나왔다.

사주었던 자신을 심하게 자책하고 계셨다. 그리고 그렇게 할 수밖에 없었던 삶 앞에서 어떻게 해야 할지 정말 모르겠다고 하셨다. 진이는 그날 차마, 준혁이도 힘들고 다른 아이들도 힘드니 준혁이가 영재반에 그만 나오면 좋을 것 같다는 말씀을 드릴 수 없었다. 진이는 학교에서만이라도 스마트폰 없이 지내는 시간을 많이 만들 수 있도록 도와드리겠다고 말씀드리며 전화를 끊었다.

그래서 그랬구나. 그래서 그렇게도 도토리 같았구나. 기름지고 보드라운 흙으로 덮이지 못해 여전히 딱딱한 껍질 그대로인 도토리 말이다.

도토리, 장영실을 만나다

진이가 있는 지역의 영재학급은 독서 활동이 필수 수료 조건이었다. 진이는 꾀를 내었다. 준혁이를 불러서 엄포를 준 것이다. "너, 책 아직 한 권도 안 읽었지? 이제부터 짜증 부리고 화내거나, 스마트폰 하다가 걸리면 바로 도서실로 보낼 거야." 준혁이는 그렇게 해서 매번 영재반 수업 때 도서관으로 가게 되었다. 스마트폰은 진이가 가지고 있었다. 뭐라도 적어와야 스마트폰 돌려주었기 때문에 준혁이는 뭔가를 적어오기 시작했다. 진이가 준혁이를 너무 엄하게 대했던 걸까. 학급의 몇몇 아이들 반응이 달라지기

준혁이 어머니는 미혼모였다. 아이를 혼자 돌봐야 했던 어머니는 돌봄 공백을 메우기 위해 준혁이가 유치원을 다니기 시작하던 무렵, 어쩔 수 없이 준혁이에게 스마트폰을 사주셨다고 했다. 어머님도 스마트폰이 어린아이에게 나쁘다는 걸 모르시는 건 아니었지만 어쩔 도리가 없으셨을 것이다. 스마트폰은 준혁이 유치원에 안전하게 잘 도착했는지 알람으로 알려주었고, 엄마가 보고 싶어 울 때면 영상통화로 엄마와 닿게 해주었으며, 준혁이가 혼자 있어야 하는 시간에는 친구가 되어주었다. 준혁이는 스마트폰을 통해 엄마 목소리로 녹음된 동화책이나 동요도 들을 수 있었고, 사진도 많이 찍어 추억을 남길 수도 있었다. 하지만 스마트폰은 준혁이에게 좋은 영향만 준 것은 아니었다. 준혁이는 스마트폰 없이는 단 한 순간도 살 수 없는 아이가 되어갔다. ADHD 진단도 받았고, 약도 먹어 봤으며, 상담과 놀이치료도 받았다고 한다.

준혁이는 현재 약과 상담, 치료와 같은 것들에 질려 모두 거부하고 있었다. 진이가 어르고 달랬더니 운동장에 나와 골대 근처에 서 있었다는 이야기를 들으셨던 날, 아이들이 찾으러 왔다고 교실로 순순히 돌아갔다는 이야기를 들으셨던 날, 어머님께서는 솔직히 믿기지 않으셨다고 했다. 집에서는 정말 꼼짝 않고 스마트폰만 하고, 방 안은 쓰레기장 같다고 하셨다. 혼자 중얼거리며 밤늦게까지 스마트폰만 들여다보는 아이를 볼 때면 심지어 아이가 무섭게 느껴지신다고도 했다. 어머님은 너무 일찍 스마트폰을 곤 했다. 진이는 그날이 되어서야 알았다. 준혁이가 그 일들을 집에 가서 어머님께 말씀드렸고, 그 일로 인해 담임교사와 반 친구들을 좋게 생각하고 있었다는 것을 말이다.

그날 밤, 진이는 책장에서 그림책 한 권을 꺼내 읽었다. 피터 레이놀즈의 『점』이었다. 그리고 준혁이를 생각했다. 진이는 준혁이가 제출했던 과제물을 보며 특별함을 찾아내 칭찬해 주었고, 그림책 『점』에 나오는 것과 같이 교실에 게시해 주곤 했다. 준혁이가 영재반에 들어오고 싶어진 건 그 때문이었던 것 같았다. 진이는 한부모가정 자녀였던 준혁이를 사회적 배려 대상자로 선정해 영재반에 들어가게 해주었다.

도대체 너, 왜 그러는 거니?

영재반에서도 준혁이는 교실과 똑같았다. 함께 써야 하는 재료를 혼자 다 차지하려 하고, 조금만 자기 뜻에 어긋나면 참지 못하며 불같이 화를 냈다. 진이는 다른 아이들의 불평불만도 감당해야만 했고, 고민 끝에 준혁이 어머님께 다시 전화를 드렸다. 준혁이는 괜찮은지, 준혁이가 정말 영재반 수업을 계속 듣고 싶어 하는지 물을 참이었다. 하지만 이야기는 그렇게 흘러가지 않았다. 어머님께서 진이에게 마음을 열어주셨기 때문이다.

다. 6학년 남학생들의 축구 경기였다. 체격 좋은 여러 남자아이가 준혁이를 향해 일방적인 주먹질과 발길질을 쏟았다.

　방과 후, 진이는 깊은숨을 내쉬고, 준혁이 어머님께 전화를 걸었다. 진이는 어머님께 사죄의 말씀을 올릴 생각이었다. 그날, 진이는 실수 아닌 실수를 하긴 했기 때문이다. 진이는 그냥 앉아있겠다는 준혁이를 억지로 달래고 얼러서 운동장으로 내보냈었다. 그늘진 스탠드에 마냥 앉아있는 대신 햇빛이라도 좀 받게 해주고 싶었던 마음이었다. 골대 근처에 서 있다가 자책골을 넣을 줄 어느 누가 상상했을까.

　어머님은 다행히도 사안을 크게 받아들이지 않으셨다. 대신 한 가지 부탁을 하셨다. 진이는 그해, 6학년 영재학급 담임이기도 했다. 어머님은 준혁이를 그 반에 넣어달라고 하셨다. 준혁이가 학교 다니면서 한 번도 뭔가를 해보고 싶어 한 적이 없는데 영재학급에 들어가고 싶다고 말했다는 것이다. 준혁이가 6학년이 되어서는 학교에서 공부한 결과물을 집으로 자주 가져오고, 어머님께 보여드리기도 할 뿐 아니라 자기 방 책상에 붙여 놓았다고도 하셨다. 담임 선생님이 좋다는 말도 하고, 친구들도 나쁘지 않은 것 같다는 말도 했다고 하셨다. 준혁이는 몰래 스마트폰을 들고 수업 시간에 나가서 안 들어오고는 했는데, 진이는 학기 초에 반 아이들과 같이 교내를 돌아다니면서 준혁이를 찾아 교실로 데려오

01　For. 교사) 나는야, 레고 디자이너

짝사랑이 아니었던 날들

　대한민국의 어느 평범한 초등학교의 6학년 담임교사인 진이. 그해, 진이네 반에는 특별한 제자가 있었다. 분명 속에 알찬 뭔가를 담고 있는데, 개밥에 도토리처럼 어디에도 편안히 있지 못하고 자꾸만 튕겨져 나오는 도토리 같은 아이, 준혁이었다. 준혁이는 부정적이고 거칠며, 속된 말을 입에 달고 살았다. 자신에게 조금의 불편함이나 문제가 발생하면 과하다 싶게 신경질을 부리고, 상대방을 향해 공격적인 언행을 쏟아내는지라 준혁이는 친구가 없었다.

　체육 시간이었다. 다른 반과 축구를 했는데 별 의욕 없이 골대 근처에서 가만히 서 있기만 하던 준혁이 쪽으로 공이 갔고, 준혁이는 별생각 없이 골을 찼으며, 그 골은 진이네 반 자책골이 되었

7장.
(사례 나눔) 독서, 사랑을 읽는 시간

그래서 그랬구나. 그래서 그렇게도 도토리 같았구나.
기름지고 보드라운 흙으로 덮이지 못해
여전히 딱딱한 껍질 그대로인 도토리 말이다.

첫째, ChatGPT와 같은 AI와 함께 살아가야 하는 지금, 가장 필요한 것은 '질문하는 힘'이다. 이는 읽기와 쓰기를 통해 길러진다. 둘째, 도파민 과잉 시대, 뇌가 진정으로 원하는 것은 '균형'이다. 뇌와 몸이 균형을 이루려면 가장 필요한 것이 주요 호르몬들의 고른 분비다. 읽고 쓸 때 그 호르몬들이 골고루 흐른다.

읽고 써라. 그게 전부다.

읽고 쓰기의 힘이 절실한 이유다. 뇌와 몸이 정교하게 협력하도록, 뇌의 운동 명령에 몸이 움직이고, 이를 통해 감각기관에서 올라오는 신호가 뇌의 여러 영역을 자극할 수 있도록 하는 활동이 절실하다. 스마트폰이라는 매체에 눈과 손가락만 움직이는 것이 아니라, 우리 스스로 책을 잡고 책장을 넘기는 시간이 절실하다. 연필과 펜을 잡고 우리의 생각과 감정을 노트에 적는 시간이 절실하다. 이 과정에서 우리는 차분히 생각을 정리하고 감정을 다스리며, 변화하는 환경 속에서도 몸과 마음이 유연하게 균형을 찾아가는 신항상성(Allostasis), 즉 변화하는 환경에 적응하며 안정성을 유지하는 능력을 기를 수 있다.

지금 우리가 회복해야 할 것은 뇌와 몸의 균형이다. 뇌와 몸이 서로 협력하고 조화를 이루어야 건강한 삶과 안정된 정신 상태를 유지할 수 있다. 읽고 쓰기는 전통적인 뇌와 신체 활동이다. 단순히 텍스트를 해석하거나 생각을 적는 차원을 넘어선다.

하루 30분, 책을 읽고 글을 쓰는 습관이야말로 뇌를 살리고, 감정을 안정시키며, 건강한 삶으로 나아가게 만드는 최고의 지름길이다. 그 안에 신경세포를 깨우는 지혜와 삶을 살아낼 힘이 온전히 담겨 있다. 마지막으로, 우리가 읽고 써야 하는 이유를 두 가지로 정리해 보자에 자극해 신경망을 활발히 연결한다. 이 과정을 통해 생각이 또렷해지고 주의력이 향상되며, 머리가 맑아진다고 느끼게 된다. 손글씨는 복잡한 뇌 회로를 정돈하고 사고를 명료하게 만드는 가장 효과적인 방법 중 하나이다.

매일 단 몇 줄이라도 소리 내어 읽는 것은, 뇌 건강을 지키는 매우 효과적인 습관이다. 여기에 손으로 쓰는 과정까지 더해진다면, 더욱 풍부한 감각 자극과 운동 협력이 이루어져 뇌는 더 깊이 깨어난다. 읽기와 쓰기의 습관이 쌓일수록 우리의 뇌는 더 유연하고 단단해진다.

옷장 안의 옷들이 계절과 상관없이 섞여 있고, 양말과 속옷의 경계도 없을 때를 생각해 보라. 한숨과 짜증만 날 것이다. 하루를 마감하는 일기는 수납 정리 전문가의 손길이 옷장을 깔끔하게 정리정돈한 것과 같은 효과를 가져온다.

지금까지 읽고 쓰기의 효과에 대해 알아보았다. 우리는 지금 스마트폰이 만든 도파민 과잉 시대에 살고 있다. 빠르고 강렬한 자극에 익숙해진 뇌는 깊이 생각하고 기다리는 힘을 잃어가고 있다. 그 결과 몸과 뇌의 균형은 깨졌고, 아이들은 뭔가 스스로 하는 것이 낯설어졌으며, 어른들조차 성급한 감정과 욕망을 쉽게 분출하고 있다.

건휘는 중학교 때부터 태블릿으로 인강을 들었다. 강사가 하는 말을 잘 들었다고 생각했다. 스스로도 열심히 공부한다고 자부했다. 그러나 성적은 중위권에서 움직이지 않았다. 고등학교에 올라가서도 변한 것은 없었다. 그로 인한 스트레스는 만만찮았다. '아, 나는 아무리 해도 안 되는구나'라는 생각에 시험이 끝날 때마다 좌절했다고 한다. 더구나 고등학생이 되니 중학교 때 공부를 멀리하던 친구들마저 자신의 등급을 뛰어넘고 있었기에 건휘의 불안은 높아져만 갔다.

그때 엄마가 늘 강조하시던, '소리 내어 읽고, 쓰면서 공부해 봐'라던 말씀이 생각이 났고, 마지막으로 해보자는 마음으로 공부 방법을 바꾸었다. 교과서를 소리 내어 읽기 시작했고, 선생님께서 강조하신 부분과 영어 단어, 그리고 수학 오답 노트를 쓰기 시작했다. 고등학교 1학년 겨울방학부터 시작했던 읽고 쓰기 공부 방법은 그야말로 마법이었다. 그렇게 외워지지 않던 영어 단어가 소리 내어 읽으면서 쓰기 시작하니 하루에 50개도 거뜬했다. 중간고사와 기말고사 성적이 조금씩 오르기 시작했다. 소리 내어 읽고 쓰기를 시작한 지 6개월 만에 일어난 마법이었다.

종이에 연필을 대는 순간, 뇌는 최고의 복합 훈련을 시작한다고 보면 된다. 그러므로 손 글씨는 단순한 기록이 아니라, 뇌를 단련하는 최고의 운동이다. 특히 글쓰기는 뇌의 다양한 부위를 동시지 뇌의 여러 부위를 동시에 풀가동한다. 손목과 손가락 근육을 정교하게 조절하려면 운동피질과 소뇌가 활성화되어야 하며, 동시에 언어 정보를 처리하는 브로카 영역과 베르니케 영역도 함께 작동해야 한다. 뇌의 모든 영역이 협력하게 되는 것이다.

실제로 손으로 글을 쓰는 행위는 '뇌의 근육운동'이라 불릴 만큼 집중력과 인지 자원을 많이 사용한다. 일본 교토대학교의 연구에 따르면, 같은 단어를 손으로 쓸 때와 키보드로 입력할 때 뇌의 반응은 크게 달랐다. 손 글씨를 쓸 때는 기억을 담당하는 해마와 주의 집중을 조절하는 전두엽, 손 움직임을 관장하는 운동피질까지 뇌의 여러 부위가 활발히 작동한 반면, 타이핑은 시각과 운동 처리에 그쳤다. 연구팀은 손 글씨가 공간 감각과 감정까지 자극한다고 분석했다. 손으로 쓴다는 것은 단지 단어를 남기는 행위가 아니다. 감정과 기억, 주의와 의미를 동시에 훈련하는 뇌 전체의 운동인 셈이다.

성적을 올리는 데도 읽고 쓰기가 관여할까?

"고등학교 2학년인 건휘는 누구보다 열심히 공부하는 학생이지만 시험을 볼 때마다 대부분의 과목에서 5~7등급이다. 그러나 공부 방법을 바꾸고 6개월 만에 등급이 올랐다."

지는 것이다.

읽고 쓰는 활동을 꾸준히 하면 정보를 전달하는 신경선인 축삭돌기들이 새로 만들어지거나 강화된다. 축삭돌기의 밀도가 높아질수록 뇌의 여러 영역은 더 빠르고 정확하게 정보를 주고받을 수 있다.

다시 정리하면, 읽고 쓰기는 뇌 속에 새로운 고속도로를 깔고, 도시 간 전철망을 생성하여 더 많은 길을 잇는 작업이다. 이 연결망이 튼튼할수록 문제 해결력, 창의성, 공감력 등 고차원적 인지 능력이 향상된다.

손으로 쓰는 것이 뇌를 단련하는 최고의 운동이라는데 정확한가?

"퇴근 후 매일 손으로 일기를 쓰는 직장인 준호 씨는 '머리가 맑아지고 기분도 상쾌해진다'고 했다. 손 글씨가 뇌에 주는 효과는 무엇일까?"

손 글씨는 눈으로 글자를 보고, 손으로 움직이며, 언어를 머릿속으로 떠올리는 복합 작업이다. 시각, 운동, 언어, 감각 신경까

읽고 쓰면 뇌 연결망이 튼튼해질까?

"평소 이해력이 부족하다고 고민하던 초등학생 다연이는 책을 소리 내어 읽은 후 줄거리 요약을 쓰는 습관을 들이면서 문제 이해력이 눈에 띄게 좋아졌다."

책을 읽는 것만으로도 뇌의 신경 연결망이 단단해진다는 것을 많은 사람들이 알고 있다. 문장을 따라가고 맥락을 파악하면서 뇌는 새로운 고속도로를 깔고, 도시 간 전철망처럼 복잡한 정보망을 더 촘촘히 연결한다.

한 챕터를 끝까지 읽는 동안 주인공의 상황을 예측하고, 등장인물의 감정을 이해하면서 집중력과 공감 능력까지 사용하게 된다. 예를 들어, 청소년이 역사소설을 읽으며 인물의 삶과 시대적 배경을 연결해 이해할 때, 백질 경로가 발달하고 뇌의 다양한 영역이 유기적으로 협력한다. 뇌의 연결망을 튼튼하게 만들고, 종합적 사고력을 키우는 것이다.

이렇듯 읽고 쓰는 활동은 뇌의 백질 연결망을 강화하여 뇌 부위 간 정보 교환이 빨라지고 정교해지도록 돕는다. 새로운 고속도로와 전철망은 집중력, 이해력, 그리고 공감력까지 향상시킨다. 그러므로 단순한 정보 습득이 아니라 깊이 사고하는 힘까지 길러

쓰는 행위가 감정을 정리하고 치유해 줄까?

"취업 준비로 불안하던 대학생 지현은 하루 10분씩, 자신의 마음 상태를 글로 적으면서 불안이 차츰 잦아들었다고 했다. 글쓰기가 감정을 안정시킬 수 있는 걸까?"

글을 쓰면 이성을 담당하는 뇌의 전두엽이 활성화되어 감정을 분석하고 정리할 수 있다. 특히 부정적인 감정을 글로 표현하면 스트레스 호르몬 수치가 낮아진다는 연구 결과도 있다. 마음이 복잡하거나 불안할 때 글쓰기가 감정을 차분하게 만드는 것은 바로 전두엽 덕분이다.

쓰기 활동은 마음속 혼란을 밖으로 꺼내 객관화하도록 돕는다. 글을 쓰는 동안 뇌는 감정 회로를 재구성하며 상처를 치유한다. 이는 부정적인 감정을 글로 표현하는 것만으로도 스트레스 호르몬인 코르티솔 수치가 낮아진다는 사실이 뇌과학 연구로 입증되었다.

글쓰기는 단순한 표현이 아니다. 마음속 혼란을 구체화하고, 생각을 객관화해 자신을 이해하는 힘을 키워준다. 심리치료 현장에서 '감정 일기'나 '심리 글쓰기'를 활용하는 이유도 여기에 있다.

피질, 감각피질, 시각피질이 유기적으로 협응하며 뇌 전체 네트워크를 깊이 자극한다. 이러한 복합 활동은 해마와 연결되어 기억력을 강화하여 학습효과를 높이고, 생각을 차분히 정리하면서 감정을 안정시키는 데 도움을 준다.

반면, 타이핑은 단순하고 반복적인 자판 입력으로 이뤄져 손 글씨에 비해 운동피질 자극이 제한적이며, 빠른 속도로 정보를 입력할 수 있지만 장기 기억 형성과 감정 정리에 있어서의 효과는 상대적으로 낮다는 연구 결과가 적지 않다.

손 글씨가 뇌 전체를 단련하는 운동이라는 점은 기억력뿐 아니라 사고의 깊이에서도 증명된다. UCLA에서 진행된 한 연구에서는, 강의를 들으며 손으로 노트 필기한 학생들이 타이핑한 학생들보다 내용을 더 깊이 이해하고 오래 기억하는 것으로 나타났다. 타이핑은 빠르지만 단순한 입력에 그치는 반면, 손으로 쓰는 과정은 핵심을 요약하고 의미를 재구성하게 만든다. 이는 브로카 영역과 전두엽이 함께 작동해 '생각하며 쓰기'가 일어나기 때문이다. 손 글씨는 뇌의 여러 회로를 자극하며, 단순한 기록을 넘어 인지적 사고와 감정 조절을 돕는 중요한 자기 훈련 방식이다.

중요한 발표나 시험공부를 할 때 손으로 쓰면서 외우라고 권하는 이유가 바로 여기에 있다.

손으로 쓰면 정말 기억력이 좋아질까?

"고등학생 수진이는 노트에 손으로 정리한 내용만 이상하리만큼 잘 기억된다고 했다. 왜 손 글씨는 기억력을 높여줄까?"

손 글씨는 해마를 깊이 자극하여 정보를 장기 기억으로 전환한다. 느린 속도로 글자를 쓸수록 뇌는 각 글자에 더 집중하고 기억을 강하게 새긴다. 소리 내어 읽으면서 손으로 쓰면 시각·청각·운동감각을 동시에 자극해, 뇌는 '이건 중요한 정보야!'라는 판단을 하고 야무지게 저장을 한다.

이렇게 우리가 쓸 때, 뇌는 정보를 단순히 입력하는 것을 넘어, '중요한 기억'으로 인식한다. 이때 해마가 깊이 자극되어 단기 기억이 장기 기억으로 전환되는 것이다.

가끔 이러한 질문을 받는다.

"타이핑도 손으로 쓰는 것과 같은 효과가 있을까요?"

핵심부터 이야기하자면, 타이핑과 손 글씨 모두 뇌를 활성화하지만, 뇌 활성 패턴과 효과는 분명히 다르다. 손 글씨는 글자를 하나하나 그리는 과정에서 손가락의 미세한 움직임을 통해 운동게 주고받아야 한다.

　글을 읽고 쓰는 순간, 새로운 단어와 이야기를 이해하려고 애쓰는 과정에서 이 두 영역이 함께 켜지고 서로 연결되며 뇌 전체가 활성화되는 것이다. 이를 통해 뇌 전체의 신경 연결망이 강화되며, 지식뿐 아니라 사고력과 이해력까지 발달된다. 이렇게 뇌의 전두엽·측두엽·두정엽이 협업하며, 반복할수록 뇌 연결은 더 단단해져 새로운 정보와 감정을 받아들이는 힘이 커진다. 물론 자신의 생각을 글로 표현하는 글쓰기를 할 때도 회백질과 백질은 활성화된다.

　다시 정리하면, 우리의 뇌는 크게 두 가지 주요 부위인 회백질과 백질로 나뉜다. 회백질은 사고와 판단, 감정, 기억을 담당하는 '생각의 공장'이다. 백질은 회백질들이 서로 신호를 주고받도록 돕는 '정보 고속도로' 역할을 한다.

　글을 읽으면 이해하고 해석하는 과정에서 회백질이 활발하게 움직임과 동시에 백질이 정보를 빠르게 전달하며 여러 영역을 연결한다. 읽고 쓰는 활동을 반복할수록 이 연결은 더 단단해지고, 새로운 정보나 감정, 경험을 받아들이는 힘이 커진다. 읽고 쓰는 것은 뇌 전체를 켜는 스위치이자 뇌 성장의 비료인 셈이다.

04 읽고 쓰기, 뇌 연결망을 강화하다

읽을 때 우리 뇌는 어떻게 성장하고 연결될까?

읽고 쓰기의 뇌과학적 효과는 구체적으로 어떻게 나타날까? 다음 사례들을 통해 우리 뇌가 어떻게 성장하고 연결되는지 자세히 살펴보자.

"중학생 민수는 매일 30분씩 소리 내어 읽기를 시작한 뒤, 학교 공부뿐만 아니라 발표 실력까지 좋아졌다고 했다. 왜 읽기 하나로 이렇게 많은 변화가 일어나는 걸까?"

뇌는 '생각하는 공장'이라 불리는 회백질과 '정보의 고속도로'라 불리는 백질로 이루어져 있다. 글자를 해석하고 내용을 이해하는 읽기를 통해 회백질이 활발하게 운동한다. 동시에 문맥을 따라가고 앞뒤 정보를 연결하려면 백질을 통해 뇌 부위 간 신호를 빠르득을 넘어, 우리의 뇌와 마음을 치유하는 가장 효과적인 도구라 할 수 있다.

마운트사이나이 의과대학 교수, 캘리포니아 대학교 샌프란시스코 캠퍼스 심리학 교수, 콜롬비아 대학교 심리학 교수로 구성된 연구진은 「인간에서 옥시토신의 사회적 효과: 상황과 개인이 중요하다」라는 연구를 발표했다. 이 연구는 감동적인 이야기나 사람 간 정서를 담은 글을 읽고 쓰는 것이 옥시토신 분비를 자극해 공감 능력과 대인관계 회복에 도움을 준다고 밝혔다.

마지막으로, 노르에피네프린은 각성과 스트레스 반응을 조절하며 집중력을 높이는 호르몬이다. 미국 예일대학교의 에이미 아른스텐은 「전두엽 피질 구조와 기능을 저해하는 스트레스 신호 경로」 연구에서 적절한 노르에피네프린 분비가 집중과 인지 기능을 향상시키지만, 과도하면 오히려 방해가 된다고 설명했다. 독서와 글쓰기는 노르에피네프린 분비를 균형 있게 유지하는 뇌 활동으로 알려져 있다. 반면, 스마트폰 게임이나 짧은 영상, SNS 활동은 짧고 강한 자극을 반복적으로 주면서 뇌를 과도하게 각성시켜 스트레스와 긴장 상태를 유발, 노르에피네프린 분비를 과도하게 늘릴 수 있다.

이들 연구는 현대인의 디지털미디어 과다 노출로 인한 도파민 과잉 자극과 달리, 책 읽기와 글쓰기가 주요 신경전달물질의 균형 있는 분비를 유도해 뇌의 항상성과 정서 건강을 회복시킨다는 점을 명확히 보여준다. 따라서 읽고 쓰는 행위는 단순한 지식 습

세로토닌 수치가 낮은 것을 확인하고, 명상과 자기표현 글쓰기가 세로토닌 분비를 촉진해 기분을 안정시키는 효과가 있음을 실험적으로 입증했다. 앞서 언급한 페네베이커 교수의 연구에서도 정서적 글쓰기가 우울감 완화와 정서 조절에 긍정적 영향을 미침이 보고되었다.

아세틸콜린은 기억력과 집중력 향상에 관여하는 신경전달물질이다. 미국의 신경과학자인 마이클 하셀모 박사의 연구 「학습과 기억 형성에서 아세틸콜린이 하는 역할」에서는 독서와 학습 시 아세틸콜린이 활성화되어 해마 부위의 신경가소성을 촉진한다고 밝혔다. 이는 독서를 통해 이해력과 사고력이 증진되는 과정을 뒷받침한다. 이 연구는 아세틸콜린이 뇌의 학습과 기억 메커니즘에서 수행하는 중요한 기능을 밝힌 신경과학 분야의 핵심 논문 중 하나이다.

가바(GABA)는 뇌의 흥분 상태를 억제해 불안 완화와 수면 개선에 도움을 주는 호르몬이다. 닐 누스 박사의 연구 「불안과 우울증에서 GABA성 신경계의 역할과 치료적 가능성」은 차분한 환경에서의 글쓰기, 특히 감정을 정리하는 일기 쓰기가 가바 분비를 증가시켜 스트레스 완화에 효과적임을 보여준다.

옥시토신은 사회적 유대와 공감을 증진하는 호르몬이다. 뉴욕

나기 때문이다.

읽기와 쓰기가 뇌에 미치는 치유적 효과

우리가 책을 읽거나 글을 쓸 때, 뇌에서는 다양한 신경전달물질과 호르몬이 분비되며, 이는 정서 안정과 인지 기능 향상에 기여한다. 이 과정은 단순한 정보 처리 차원을 넘어, 정신 건강 회복과 자기 이해 증진에 큰 역할을 한다. 다음은 주요 호르몬별로 밝혀진 과학적 연구와 실험 사례들이다.

먼저, 도파민은 동기 부여와 몰입에 핵심적인 역할을 하는 신경전달물질이다. 케임브리지 대학교 신경과학과 교수인 슐츠가 발표한 「보상을 미리 예측하는 도파민 뉴런의 신호」 논문은 도파민 뉴런이 보상 예측에 따라 활성화된다는 점을 밝혀냈다. 텍사스 대학교 오스틴 캠퍼스의 심리학자인 페네베이커는 치유적 글쓰기 연구의 세계적인 권위자다. 그의 자기표현 글쓰기 실험에서도, 참가자들이 감정을 글로 표현하며 목표를 완성했을 때 도파민 분비가 촉진되어 몰입감과 성취감을 경험했다는 보고가 있다.

다음으로, 세로토닌은 기분 조절과 감정 안정에 중요한 역할을 한다. 하버드 의과대학의 사이먼 영 박사는 우울증 환자에게서 있게 표현하는 과정이 반드시 필요하다고 말했다.

 요즘처럼 빠르게 스쳐 지나가는 대화 속에서는 진짜 내 감정을 드러내는 일이 점점 어려워지고 있다. 짧은 메시지나 이모티콘으로 대신하는 감정 표현은 편리하지만, 그만큼 서로에게 닿는 마음의 깊이도 얕아진다. 윌리엄슨은 이런 현상을 안타까워하며, 진정한 소통은 바로 '말과 글을 통해 내면의 나를 깊이 드러내는 일'에서 시작된다고 강조했다.

 즉, 자신의 생각과 감정을 숨기지 않고, 있는 그대로 글로 써 내려가는 과정이 곧 진정한 사랑과 공감의 출발점이라는 것이다. 솔직하고 섬세하게 내 마음을 표현할 때, 비로소 상대방도 나를 온전히 이해할 수 있고, 서로의 마음이 진심으로 이어질 수 있기 때문이다.

 디지털 시대, 우리는 너무 많은 것을 빠르게 소비하느라 가족은 물론 자기 자신과의 깊은 대화마저 잃어버렸다. 윌리엄슨의 말처럼, '진정한 소통'은 자기 자신과 마주하고, 자신의 감정을 알아차리며, 그것을 용기 내어 표현하는 데서부터 시작된다. 그래서 우리는 글쓰기라는 도구를 통해 자신과의 만남을 만들고, 그 만남을 통해 타인과의 진실한 연결고리를 다시 발견할 수 있어야 한다. 진정한 사랑과 공감은 자신을 솔직하게 표현하는 데서 피어고 있다. MIT의 셰리 터클 교수는 『Alone Together』에서 이런 현상을 '진짜 소통'이 약해지는 문제로 짚었다. 스마트폰과 소셜미디어 덕분에 언제 어디서나 쉽게 연결될 수 있지만, 그 연결은 종종 피상적이고 얕은 대화에 머무를 뿐이라는 것이다. 사람들은 깊은 대화를 나누기보다 짧은 메시지를 주고받으며, 실제로는 서로의 마음속 깊은 부분과는 점점 멀어진다고 한다.

이처럼 빠르게 변하는 세상에서 우리는 종종 자신과의 진짜 대화를 잃어버린다. 그렇기에, 깊이 '읽는 일'과 '쓰는 일'은 더욱 소중해졌다. 깊이 읽는다는 것은 타인의 생각과 감정을 천천히 이해하며 나의 내면을 비추는 거울을 들여다보는 일이고, 글을 쓴다는 것은 그 내면의 목소리에 귀 기울여 자신과 진정한 만남을 갖는 과정이다. 결국, 디지털 시대의 소음과 속도 속에서 우리는 오히려 더 천천히, 더 깊이 읽고 쓰면서 내 안의 감정과 생각을 돌보고 소통하는 시간을 가질 수밖에 없다. 그것만이 나 자신을 온전히 만나고, 흔들리지 않는 내면을 키워가는 길이기 때문이다.

마리안 윌리엄슨은 영성, 자기 계발, 사랑과 치유에 관한 여러 저서를 쓴 작가이자 강연가이다. 그녀는 대표작 『사랑으로의 귀환』에서 사랑과 자기표현의 중요성을 꾸준히 이야기해 왔다. 그녀는 우리가 진정으로 서로를 이해하고 깊은 관계를 맺으려면, 단순히 말을 주고받는 것을 넘어서서 내 마음을 솔직하고 깊이 읽는다는 것은 단순한 정보 소비가 아니다. 타인의 삶과 생각, 감정과 고통, 희망과 상처를 통해 나의 내면을 비추는 거울을 들여다보는 일이다. 그 안에서 우리는 혼자가 아님을 알고, 나 자신을 다시 발견한다. 쓰는 일은 그보다 더 깊은 만남이다. 나조차 말하지 못했던 마음을 꺼내어 다독이고, 흩어진 감정을 하나로 모아 내 안의 균형을 찾아가는 시간이다. 디지털 속 단편적인 소통을 넘어, 나만의 진짜 목소리를 찾는 행위이다. 그래서 오늘도 우리는 이 질문을 스스로에게 던진다. 빠르게 흘러가는 세상 속에서, 우리가 왜 여전히 읽고 써야 하는지를. 그 답은 결국, '나'를 만나고 '나'를 사랑하는 일로 귀결된다.

IT 미래학자인 니콜라스 카는 『생각하지 않는 사람들』에서 우리가 사는 디지털 시대가 뇌의 작동 방식을 크게 바꾸고 있다고 말했다. 스마트폰과 인터넷을 통해 하루에도 엄청난 양의 정보를 쏟아내고 있지만, 그만큼 깊이 생각하거나 몰입하는 시간은 오히려 줄어들고 있다는 것이다. 빠르게 흘러가는 정보 속에서 겉핥기식으로 많은 것을 접하지만, 그 안에 담긴 의미를 천천히 곱씹고 느끼는 일은 점점 어려워지고 있다.

감정을 표현하는 방식도 점점 간단해지고 있다. '좋아요' 버튼으로 대신하는 마음의 표현은 어느새 일상이 되었다. 하지만 진짜 내 마음을 깊이 들여다보고 솔직하게 털어놓는 일은 점점 사라지

03 읽고 쓰기, 뇌를 깨우다

디지털 시대의 질문, 왜 읽고 써야 하는가

우리는 매일 엄청난 양의 정보를 쏟아내는 시대에 살고 있다. 수많은 알림과 메시지, 짧고 빠른 대화가 우리의 일상을 채운다. 하지만 아이러니하게도, 그 속에서 나를 깊이 들여다보는 시간은 점점 사라지고 있다. 우리는 더 많은 말을 주고받지만, 정작 자신의 감정을 온전히 표현하는 일은 줄어들었다. '좋아요' 한 번, 이모티콘 하나로 대체되는 마음의 언어는 점점 단순해지고 얕아진다. 깊은 독서와 차분한 글쓰기가 아닌, 짧은 댓글과 스크롤 속에 빠져버린 우리의 내면은 점점 낯선 사람처럼 느껴질 때가 많다. 이렇게 '읽고 쓰는 시간'이 줄어드는 시대에 우리는 다시 묻지 않을 수 없다.

"왜 읽고 써야 하는가?"

한 되새김이 아니라 상처를 통찰로 바꾸어 주는 건널목이다.

 부정적이든 긍정적이든 모든 기억은 시간이 지나면 옅어지기 마련이다. 그러나 외상 후 스트레스와 같은 기억은 한 사람의 인생을 쥐고 흔들 만큼 무섭고 두렵다. 지워버리려 할수록 악착같이 달라붙어 떨어지지 않는다. 이러한 순간이 바로 쓰기를 할 때이다. 쓰기를 통해 피하지 않고 직면하는 것이다. 종이 위에 모든 불안과 두려움을 쏟아놓는 것은 내 안의 외상후 스트레스를 떠나보내는 일이다. 글로 되살아난 기억은 더는 과거에 머무르지 않고 현재를 집어삼키지도 않는다. 미래를 어둡게 만들지도 않는다. 오히려 살아가는 힘으로 작용한다. 글이 시간을 거슬러 마음의 풍경을 다시 그려내는 것이다.

 쓰기는 단순히 기록하는 일이 아니다. 우리 삶의 빛바랜 조각들을 모아 퍼즐처럼 맞추는 일이며, 삶을 새롭게 이해하고 새로운 시선으로 바라볼 수 있는 기회를 준다.

따라서 말로 다 할 수 없는 마음의 심연을 글쓰기를 통해 천천히 탐험하는 일은 깊은 자기 이해와 성찰로 연결된다.

쓰기는 삶의 기억을 건져 올리는 그물이다

우리는 하루에도 수십 번 말을 주고받지만, 그 말들은 바람처럼 흩어져 어디에도 남지 않는다. 반면 조용히 써 내려간 한 줄의 글은 오래도록 마음에 남아 우리를 기억하게 만든다. 말은 순간의 반짝임이지만, 글은 기억의 조각들을 정성스레 건져 올리는 그물과도 같다.

설렘, 분노, 후회, 슬픔 등 다양한 감정과 매일 마주하지만, 곧 잊고 다음 감정으로 덮어버리기 일쑤다. 글쓰기는 이 흐르는 감정을 포착해 하나하나 삶의 의미로 되살린다. 아무 의미 없던 하루도 문장 속에서는 '나만의 특별한 순간, 소중한 이야기'가 된다.

특히 고통의 기억은 쓰는 순간 새로운 얼굴을 드러낸다. 잊고 싶었던 상처조차 글로 쓰면, 그것은 더 이상 나를 짓누르는 감정이 아니라 내가 살아온 시간을 증명하는 흔적이 된다. 마주하기 두려웠던 기억 앞에서 글은 우리에게 조용히 묻는다. "그때 너는 무엇을 느꼈니?", "지금의 너는 어때?"라고. 이처럼 쓰기는 단순내는 철학적 행위다.

"글을 쓴다는 것은 인간에게 어떤 의미인가?"

말로 다 할 수 없는 마음, 글로 꺼내기

우리 마음은 말로 온전히 다 표현되지 않는다. 감정은 복잡하고 미묘하며, 때로는 말로 풀어내기엔 너무 크거나 무겁다. 이때 글쓰기는 말이 닿지 못하는 영역을 채워준다. 프랑스 철학자 폴 리쾨르는 '서사적 정체성' 개념을 통해 인간이 자신을 이해하기 위해 이야기를 만들어내는 존재임을 강조했다. 자신의 삶과 감정을 글로 이야기할 때 비로소 스스로를 온전히 인식한다는 것으로 해석할 수 있다.

글쓰기는 감정을 객관적으로 바라보는 거울과도 같다. 글로 마음속 이야기를 써 내려갈 때, 내면의 혼란과 고통을 분리하여 관찰할 수 있다. 감정의 무게를 덜고 심리적 치유를 도울 수 있다. 예술가이자 작가인 실비아 플라스는 "글쓰기는 내 영혼의 치료제"라고 고백했다. 글쓰기는 자기표현 이상의 '자기 치유'의 힘을 선물한다. 말로는 표현하기 어려운 마음의 소리를 글로 옮길 때 점차 자신의 삶을 재구성하고 회복하는 것이다.

02 글쓰기와 내면의 표현

우리는 왜 말로 다 하지 않고 글로 써야 할까?

누군가에게 직접 이야기하는 것보다 손끝으로 종이나 화면에 문장을 남기는 일이 더 진실하고 깊은 무언가를 담을 수 있을까? 말은 순간의 감정과 생각을 빠르게 전달하지만, 글은 시간을 머금어 더 오래, 더 깊게 우리 내면을 비춘다.

철학자 마틴 하이데거는 언어를 존재의 집이라고 말했다. 말과 글은 단순한 의사소통 수단을 넘어 우리가 누구인지, 무엇을 느끼는지, 어떻게 세상을 경험하는지를 드러내는 공간이다. 쓰는 행위는 나 자신과의 대화이자 세계와의 깊은 만남이다. 우리에게는 말로 다 표현하지 못하는 미묘한 감정과 생각이 있다. 그것을 글로 쓰는 동안 우리는 스스로를 들여다보고 새로운 의미를 발견한다. 그러므로 쓰기는 단순한 기술이 아니라 삶을 이해하고 살아간을 초월해 존재와 존재가 만난다. 이 만남은 나 자신이 누구인지, 왜 이 세계에 있는지를 묻고 답하는 일이다. 삶의 불확실성과 고통 속에서 고립된 개인이 아니라 연결된 존재임을 알아차리게 한다.

이유와 방향, 그리고 의미가 담겨 있다. 글자를 읽는다는 것은 '어떻게 살아야 할 것인가'라는 질문 앞에서 우리가 할 수 있는 가장 인간다운 대답이다.

그래서 우리는 읽어야 한다

삶이 때로는 낯설고 버거울 때, 책 속 문장 하나가 조용히 다가와 마음을 붙들어 준다. 읽기는 소리 없는 위로이고, 방향을 잃은 순간에도 나를 일으키는 힘이다. 타인의 삶과 생각을 이해하고, 역사와 문화를 통해 스스로를 비추며 삶의 의미를 찾아가는 과정이다.

타인의 목소리에 귀 기울이고, 그 속에서 나를 발견하며, 내 존재의 뿌리를 더 깊이 이해하는 인문학적 여정이다. 읽는 동안 우리 뇌는 복합적인 신경망을 동원해 언어와 감정을 통합하고, 기억과 상상을 연결한다. 이 과정이야말로 마음의 균형을 유지하고, 스트레스에 대응하며, 더 건강한 자아를 만들어가는 뇌의 자연스러운 치유 과정이다.

존재론적으로 보자면, 읽기는 '나'라는 존재가 세상과 맞닿는 가장 근본적인 방식이라 할 수 있다. 글자를 통해 우리는 시간과 공

중요한 기준임을 보여주는 것이다.

읽기는 단어를 해독하는 것을 넘어, 문장 안에서 의미를 구성하고, 추론하고, 공감하며, 자기화하는 능력을 기르게 된다. 이 능력은 단지 시험이나 공부를 위한 것이 아니라, 인간관계 속에서 상대의 말에 담긴 감정을 읽고, 삶의 상황에서 스스로 길을 찾아가는 데 필수적인 힘이 된다. 곧 삶의 해석력이기도 하다.

또한, 인간은 이야기를 통해 자신을 이해하고 타인을 받아들여 왔다. 이는 소설과 같은 문학작품 속 이야기가 자아 성찰로 이어져 자기 이해와 정체성 형성에 큰 역할을 한다는 의미다. 특히 청소년기에는 이러한 읽기 기반의 자기 탐색이 심리적 안정감과 미래 설계에 결정적인 도움을 준다.

오늘날처럼 정보가 넘쳐나는 시대일수록 글자를 읽는 능력은 더 중요해진다. 정보를 선별하고 해석하며 비판적으로 수용하는 힘이 바로 읽기를 통해 길러지기 때문이다. 이는 AI 시대에도 인간이 인간으로서 기능하기 위한 핵심 역량이며, 깊이 있는 삶을 위한 최소한의 조건이다.

인간이 글자를 읽는다는 것은, 단지 문장을 읽는 것이 아니라 세상을 읽고, 타인을 읽고, 나를 읽는 일이다. 그 안에는 살아가는 닭이다. 읽기는 내면과 외부 세계를 잇는 다리이고, 자기와 타인을 연결하는 참된 소통의 길이다. 그 길을 따라 걸을 때 우리는 변화하고, 깊어지고 단단해진다.

"왜 우리는 이토록 인간적인 행위인 글자를 읽어야 하는가?"

인간은 문자를 통해 문명을 일구고, 지식을 축적하며, 감정을 전해왔다. 말은 순간에 머물지만, 글자는 시간과 공간을 초월한다. 글자를 읽는다는 것은 곧 인간이 쌓아온 모든 지혜와 경험, 사상과 감정을 시공간을 넘어 만나는 일이다. 그러므로 읽는다는 것은 단순한 행위가 아니라, 인간이 인간답게 살아가기 위한 지적이고 정서적인 진화의 방식이다.

신경과학적으로 볼 때, 글자를 읽는 것은 매우 복잡한 뇌 활동이다. 시각 정보를 인식하고, 그 의미를 해석하고, 문맥을 이해하고, 감정을 이입하며, 기존의 지식과 연결하는 과정이 동시에 일어난다. 뇌의 여러 부위가 협력하는 것이다. 이는 곧 뇌의 회복력, 감정 조절력, 학습 능력을 향상시키는 데 직접적으로 기여한다.

실제로 웩슬러 지능검사의 어휘 소검사는 지능을 대표하는 핵심 지표로 활용된다. 이는 어휘력, 즉 읽고 이해하는 능력이 단순한 학업 성취를 넘어 인간의 사고력과 정서적 안정성을 평가하는 온 방식과 가치관을 이해하려는 노력이 필요하다. 그러므로 타자의 지평을 이해한다는 것은 나와 다른 사람의 입장에서 세상을 보려는 태도를 가질 때 가능하다. 읽기는 곧 내가 아닌 누군가의 시선으로 세상을 바라보는 연습이며, 타인의 삶을 내 마음에 담아보는 경험, 바로 타자의 지평을 이해하는 일이다.

어떤 작품을 읽을 때, 문학 속 인물의 고통과 기쁨을 따라가다 보면 자연스럽게 공감하게 되고, 그 과정에서 우리의 감정은 확장되며, 내 안의 세계도 넓어진다. 읽기를 통해 나의 경계를 넘어서고, 타인과 세계, 그리고 나 자신과 더 깊은 관계를 맺게 된다. 감정을 조율하고 통제하는 힘을 기르고, 자기 자신을 더 깊이 이해하게 되는 것이다.

무엇보다 삶의 혼란과 고통을 가만히 들여다보고, 그 속에서 의미를 찾아가는 조용한 성찰의 시간이다. 철학자 폴 틸리히는 "참된 소통은 나와 타인의 깊은 만남에서 시작된다"라고 말했다. 읽기는 바로 이러한 만남을 가능하게 한다. 이 만남은 나와 세계를 다시 이해하게 만들며, 삶을 새롭게 바라보게 한다. 인간으로서 더욱 깊어지고, 넓어지며, 단단해지는 경험을 안겨준다.

읽기, 그 안에는 삶의 지도와 위로의 언어가 있다. 삶의 방향을 잃었을 때, 마음이 흔들릴 때, 우리가 다시 책을 펼쳐야 하는 까구에 따르면, 독서를 자주 하는 사람들은 좌측 측두엽 회백질, 즉 언어를 처리하고 기억을 저장하는 뇌의 왼쪽 겉 부분에서 변화가 나타난다. 독서는 이처럼 뇌의 구조를 건강하게 바꾸는 활동이다.

읽기는 단순히 정보를 받아들이는 행위가 아니다. 그것은 타인의 마음에 다가가는, 조용하지만 깊은 소통의 문이다. 해석학자 가다머는 "읽는다는 것은 타인의 세계를 체험하는 일"이라고 했다. 독자가 텍스트를 통해 작가의 세계, 즉 타자의 지평과 만나고, 이를 통해 자신의 지평을 확장해 나간다는 말이다. 이는 단순히 정보를 습득하는 것을 넘어, 타인의 삶과 사유를 깊이 있게 체험하고 공감하는 과정으로 이해된다. 책을 통해 다른 사람의 생각과 감정을 간접적으로 경험할 수 있다는 의미다.

가다머가 말한 '지평의 융합'이라는 개념으로 읽기를 이해해 보자. 그는 "타자의 지평과 나의 지평이 만날 때 비로소 이해가 가능하다"라고 말했다. 타자의 지평을 이해하려는 시도는 나와 다른 사람의 생각과 문화를 진심으로 이해하고자 하는 마음과 연결된다. 여기서 타자의 지평이란 "다른 사람이 세상을 어떻게 보고 느끼는지"를 뜻한다.

예를 들어, 힘들어하는 친구를 이해하려면 내 생각에만 갇히지 않고, 친구의 상황과 마음을 보려고 애써야 한다. 상대방이 살아

01 읽기의 본질과 의미

타인과 세계를 만나는 가장 깊은 방식, 읽기

우리는 끊임없이 의미를 찾는 존재이다. 단순히 살아가는 것만으로는 충분하지 않다. 왜 살아야 하는지, 어떻게 살아야 하는지에 대한 이유와 방향을 필요로 한다. 그 물음에 가장 오래, 그리고 가장 진지하게 답해온 도구가 바로 책이다.

책은 인간의 사유와 감정, 역사와 예술, 실패와 희망을 담고 있다. 우리는 책을 통해 경험하지 않은 삶을 간접적으로 체험하고, 한 번도 만나지 못한 사람과 조용히 마음을 나누며, 말이 닿을 수 없는 시대와 문명과도 연결이 된다.

또한, 뇌과학적으로도 읽기는 인간이 학습을 통해 획득한, 매우 특별한 능력이다. 책을 읽는 동안 뇌는 언어, 감정, 기억, 상상 등 다양한 영역을 동시에 활성화하며 신경세포를 자극한다. 실제 연

6장.
읽고 쓰기, 신경세포를 깨우다

빠르게 흘러가는 세상 속에서, 왜 여전히 읽고 써야 하는가?
그 답은, '나'를 만나고 '나'를 사랑하는 일로 귀결된다.
도파민 과잉과 chatGPT의 시대, 무엇이 필요할까?
질문하는 힘이다. 읽고 써라. 그게 전부다.

Part 3.
사랑과 글자가 만든 회복의 길

다. 내 자녀가 언젠가 육아를 준비하게 된다면, 가장 먼저 추천하고 싶은 책은 다독맘 우정숙이 쓴 『내 아이를 위한 500권 육아공부』다. 많은 책을 읽고 얻은 지식과 아이를 제대로 키워보고자 고군분투하며 얻은 지혜가 가득한 책이다. 특히 저자가 우연한 기회에 공동체 모임을 통해 함께 아이들을 키우며 공동 육아가 아이와 엄마 자신에게 얼마나 큰 힘이 되는지를 구체적으로 알게 해주고 유용한 정보를 전해준다.

국가와 사회가 함께 키워야 한다

공동육아만으로는 부족하다. 공공보육과 육아제도, 문화적 인식이 함께 바뀌어야 한다. 호주는 다양성 있는 정부 인증 보육기관을 통해 부모의 자기 돌봄을 보장하고, 핀란드는 '함께 돌보는 철학'이 정책의 근간이다. 우리나라도 이제 부모가 직접 잘 키워야 한다는 압박에서 벗어나, 국가와 공동체가 함께 키우는 구조로 가야 한다.

부모가 웃어야, 아이도 안심할 수 있다. 지금 가장 시급한 육아 정책은 그 단순한 진실에서 출발해야 한다.

무엇보다 중요한 것은 부모의 뇌 건강이다. 반복되는 육아 스트레스와 수면 부족은 부모의 전전두엽 기능을 약화시키고, 감정 조절과 판단력을 떨어뜨릴 수 있다. 번아웃 없는 육아를 위해서는 기본적인 자기 돌봄이 반드시 필요하다.

이제 20대 후반에 접어든 내 자녀들도 머지않아 부모가 될 가능성이 크다. 아이를 돌보는 일이 얼마나 고되고 때로는 고립감을 느끼는 일인지 알기에 그 시기가 되면 최소한 일주일에 하루라도 양육의 부담을 내려놓고 회복할 수 있는 시간을 선물해 주고 싶다. 그림책을 생동감 있게 읽어주고, 다양한 놀이를 함께 해주는 할머니가 되고 싶다.

나눌수록 회복되는 육아, 함께 걷는 길

이런 현실에서 공동육아는 실질적인 대안이 된다. 부모가 돌봄을 나누고, 감정을 나누고, 실천의 부담을 나누는 공간 안에서 아이들은 안정감을 배우고, 부모는 자기 자신을 지킬 여유를 되찾는다.

부모에게 숨 쉴 틈을 주는 일이, 아이에게 더 많은 사랑과 따뜻한 시간을 선물하는 시작점이 된다.

이제는 완벽한 부모가 아니라, 함께 연결된 부모가 필요한 시대

05 부모에게 숨 쉴 틈을 주자

내 곁에 누군가 있다는 믿음

지친 몸과 고단한 감정 속에서 아이를 따뜻하게 품는 일은 생각보다 버겁다. 스마트폰을 내려놓고 책을 읽어주라는 조언은 옳지만, 하루 에너지를 다 쏟아낸 부모에겐 또 다른 숙제처럼 느껴진다. 건강한 디지털 환경을 만들고자 애쓰는 부모일수록 일이 더 많아지고, 외로움을 느끼기 쉽다.

"혹시 우리 아이만 다르게 키우는 건 아닐까?", "어차피 온통 디지털 환경인데, 나만 애쓴다고 의미가 있나?" 흔들리기 일쑤다. 하지만 이러한 질문을 품고 조용히 실천하고 있는 부모들이 전국 곳곳에 존재하며, 서로를 지지하고 있다는 사실은 큰 힘이 된다. 나 혼자 외로운 싸움을 하고 있다고 느껴질 때, 같은 방향을 바라보는 누군가가 있다는 믿음은 지치지 않게 해주는 에너지가 된다.

께 만드는 책임이다. 디지털미디어 시대에 걸맞은 양육 환경은 분절된 개별의 노력으로는 한계가 있다. 공동의 방향과 실천이 함께할 때, 변화는 비로소 가능해진다.

학교, 기술보다 아이의 발달을 먼저 보자

AI 시대를 살아갈 아이들에게 디지털 활용 역량은 분명 소중한 자산이다. 그러나 "빈대 잡으려다 초가삼간 태운다"라는 속담처럼, 건강한 뇌 발달이 교란되어 심각한 후유증을 남긴다면 그것은 결코 감당할 수 없는 대가일 것이다.

2025년부터 시범 운영 중인 초등 디지털교과서 역시, 도입 여부와 방식에 있어 발달단계별 영향을 충분히 고려한 신중한 접근이 필요하다. 단순한 기술 확장이 아니라, 교육 내용과 전달 방식이 아이의 성장과 조화를 이뤄야 한다.

이를 위해 하루 스크린 사용 총량제 도입, 학교 차원의 연간 디지털 활용 계획 공유, 아날로그 활동과의 병행을 원칙으로 하는 수업 설계는 지금 반드시 마련돼야 할 최소한의 기준이다.

대안을 지역 공동체 안에서 공유할 수 있다. 특히 미디어 사용에 취약한 조부모 양육 가정일수록 이러한 체계적인 정보 제공이 절실하다.

정부 역시 WHO와 국내외 권고 기준에 부합하는 디지털미디어 가이드라인을 명확히 마련하고, 이를 어린이집, 유치원, 초등학교 등 교육기관에 적극적으로 확산·적용하고 관리 감독을 강화해야 한다. 단순한 권고를 넘어 실천 가능한 운영지침과 실습형 자료, 부모 연계 교육 프로그램 등이 함께 제공되어야 현장 적용력이 높아진다.

무엇보다 중요한 원칙은 차단이 아니라 환경 설계다. 예컨대 영상 대신 상호작용할 수 있는 아날로그 놀이 키트를 지원하거나, 유치원과 어린이집에서 학기별로 디지털 사용 계획과 실제 활용 내역을 학부모에게 투명하게 공유하는 방식은 작은 신뢰를 쌓고 일관성을 만들어낼 수 있다.

유치원과 어린이집은 아이의 첫 사회 공간이자, 일상의 중심이다. 이 공간이 디지털 의존이 아닌 놀이 중심 문화로 운영될 때, 가정의 노력이 외부와 연결되어 일관된 양육 환경을 만들 수 있다. 이를 위해서는 교사 대상의 미디어 리터러시 교육, 연령별 스크린 사용 기준 마련, 콘텐츠 평가 기준 수립이 정책적으로 지원되어야 한다.

결국, 아이의 건강한 성장과 회복은 가정, 지역사회, 국가가 함부모와 충분히 교감하며 놀아본 아이는 뇌 안의 자기 통제 회로가 더 잘 발달하며, 스마트폰 사용과 같은 자극적인 매체 앞에서도 유혹에 덜 흔들릴 수 있다.

독서는 창의력과 감정의 뇌를 함께 깨우는 놀이다. 그림책을 함께 읽으며 인물의 감정을 따라가고 상상하는 과정은 아이의 언어, 기억, 공감 회로를 동시에 자극한다. 하지만 책을 단지 교육 도구로만 접근하면 아이가 책을 좋아하게 만들기 어렵다. 영유아기부터 책을 하나의 놀이 도구처럼 감각적으로 접하고, 부모가 배우처럼 생동감 있게 읽어줄 때 아이는 거울 뉴런을 통해 자연스럽게 반응하고 몰입하게 된다.

매일 책을 읽어주는 이 일상은 부모와의 애착 형성에도 깊은 영향을 준다. 아이는 책을 읽는 그 시간 자체를 엄마의 사랑으로 인식하게 되며, 책에 대한 긍정적 감정을 자연스럽게 형성해 간다.

『디지털 시대 어린이 독서의 기술』의 저자 조미상은 "독서가는 타고나는 것이 아니라 길러지는 것"이라며, 독서의 시작은 엄마의 무릎 위라고 강조한다. 또한 『하루 15분 책 읽어주기의 힘』의 저자 짐 트렐리즈는 "아이에게 책을 전혀 읽어주지 않는 것만큼 큰 실수는 너무 일찍 그만두는 것"이라고 지적한다.

책을 좋아하는 아이로 키우는 핵심은, 아이의 발달단계에 맞는 책을 부모의 사랑을 담아 꾸준히 읽어주고, 흥미를 느낄 수 있는 책을 계속 접하게 하는 데 있다. 아이가 글자를 스스로 읽을 수 있게 되더라도, 초등 저학년까지는 하루 10~20분 정도 부모가 직접 책을 읽어주는 시간을 유지하는 것이 중요하다. 또한 책을 고르고 읽는 방식에 있어 아이에게 자율성을 충분히 보장해 주는 것이 독서에 대한 긍정적인 태도를 키우는 데 큰 도움이 된다.

부모가 책을 즐겨야 아이도 책을 좋아하게 된다. 함께 성장하겠다는 마음으로 도서관이나 서점을 찾는 일상을 만들면, 그 자체가 아이에게 가장 강력한 독서 교육이 된다.

비록 책을 싫어하는 아이일지라도, 재미있는 책을 직접 고르고, 부모와 함께 읽는 경험이 반복되면 점차 독서의 즐거움을 알게 될 확률이 높다. 아이를 행복한 독서가로 성장시키는 데 있어 부모의 노력은 필요충분조건이다.

디지털 중독, 단호한 회복 전략이 필요하다

온 가족이 스마트폰 중독에 빠져 한 지붕 아래 살지만, 대화가 실종되고 남처럼 사는 집도 많다고 한다. 스마트폰을 내려놓지 못하는 건 의지 부족이 아니다. 뇌가 자극에 길들여졌기 때문이다. 특히 숏폼 콘텐츠는 뇌의 보상 회로를 교란해, 집중력과 감정 조절 기능을 약화시킨다. 이미 중독 증상이 있다면 단호한 회복 전략이 필요하다. 가족이 함께할 때 효과가 크다.

첫째, 디지털 격리 시간을 고정하라. 잠들기 1시간 전, 기상 후다. 내 아이만 잘 키우면 된다는 태도로는 정작 내 아이조차 지킬 수 없다.

"한 명의 아이를 키우려면 온 마을이 필요하다"라는 아프리카 속담처럼, 같은 방향을 바라보는 진짜 마을이 필요하다. 조부모 교육, 부모 리터러시 프로그램, 보육·교육 기관의 일관된 디지털 기준이 일상화되어야 한다. 지금 우리에게 필요한 건 완벽한 부모가 아니라, 함께 손을 잡을 어른들이다. 부모, 교사, 지역사회가 연결될 때 비로소 아이의 뇌와 마음을 지킬 수 있다. 또래 부모들과의 연결망은 외로운 실천을 지지받는 협력으로 바꿔준다. 내 아이의 친구, 그 가정까지 건강할 때 우리 아이도 흔들리지 않을 수 있다. 디지털 시대의 육아는 혼자가 아니라 함께 가야 하는 길이다.

지역사회와 정부의 협력, 건강한 디지털 환경

아이들의 디지털 사용을 조율하는 데 있어, 부모의 노력만으로는 한계가 분명하다. 건강한 양육 환경을 조성하려면 지역사회와 정부의 유기적인 협력이 반드시 필요하다.

지역 도서관, 주민센터, 육아종합지원센터 등은 부모와 조부모를 대상으로 한 디지털 양육 교육 프로그램을 활성화해야 한다. 이를 통해 과잉 자극을 줄이고, 연령에 맞는 디지털 사용 원칙과

04 건강한 디지털 시대를 위한 사회적 협력

스마트폰이 일상이 된 지금, 아이를 지키는 일은 부모 혼자만의 힘으로는 어렵다. 아이는 다양한 환경에서 디지털 자극에 자연스럽게 노출된다. 영상과 게임은 아이의 뇌를 쉽게 흥분시키지만, 그 결과는 집중력 저하와 감정 기복으로 이어진다.

혼자 키울 수 없는 시대, 함께 지켜야 하는 현실

아무리 부모가 애써도, 외부 환경은 쉽게 아이를 자극한다. 특히 조부모나 보조 양육자의 인식은 아이의 디지털 습관 형성에 큰 영향을 미친다. "요즘 애들은 다 그래", "울지 않게 하려면 영상이 최고지"라는 말은 현실적일 수 있지만, 뇌가 한창 발달 중인 아이에게는 결코 가볍지 않은 흔적을 남긴다.

그러나 디지털 시대에 아이를 혼자 지키는 일은 불가능에 가깝

졌다. 밤 9시에는 가족 모두 스마트폰을 상자에 넣고 잠가 일찍 자고 일찍 일어나는 규칙적인 생활을 하면서 스마트폰에 의존하는 시간을 줄여나갔다. 꾸준한 식단 조절과 건강 관리, 병원 진료와 상담 후에 지금 설이는 지극히 정상 체중으로 돌아왔다.

가족치료는 개인이 가지고 있는 문제나 증상을 개인의 내면세계로 접근하는 것이 아니라 개인이 다른 사람과 상호작용하는 방식을 변화시키는 접근을 취한다. 가족에 대해 연구한 심리학자들은 '인간이 가지고 있는 증상은 가족들이 가지고 있었던 상호작용의 결과다'라는 결론을 얻었다. 인간은 누구나 자신이 경험한 경험치에 근거해서 판단하고 살아간다.

설이 부모는 어린 시절 책도, 애정도 없이 자랐지만 아이들을 위해 자신부터 변하기로 했다. 함께 책을 읽으며 대화가 늘었고, 돈보다 중요한 것이 '함께하는 시간'이라는 걸 깨달았다. 남동생 별이 역시 가족의 정서적 유대 속에서 ADHD 행동이 한결 완화되었다.

녁 챙기기, 배달 음식 먹이기까지. 식사 후 침대에 누워 유튜브 보는 것이 유일한 낙이었고, 살은 급격히 불었다.

설이 엄마의 걱정은 이만저만이 아니었다. 설이는 고도비만에 성조숙증 진단을, 동생은 ADHD 진단을 받았다. 어린 시절 가난했던 엄마는 아이들만큼은 풍요롭게 키우고 싶어 밤낮없이 일해 왔지만, 오히려 아이들의 문제로 상담실 문을 두드리게 되었다. 상담을 통해 엄마는 자신 안의 채워지지 않는 결핍을 마주했다. 또 딸이 애착의 결핍으로 폰에 집착하고 있다는 것도 알게 되었다.

아빠는 처음엔 상담을 망설였지만 가족을 위해 용기를 냈다. 새벽 4시에 퇴근해 쪽잠을 자고, 아이스 아메리카노를 들고 상담에 참여했다. 아빠 역시 어릴 적 방치된 채 자랐고, 그래서 아이들에게 어떻게 다가가야 할지 몰랐다. 그러나 상담사의 제안을 하나씩 실천하면서 가족의 변화는 시작되었다.

설이네 가족은 우선 가족이 함께 모여 아침을 먹기 시작했고, 설이와 남동생은 매일 줄넘기를 시작했다. 매주 월요일 오후는 가족이 함께 외식을 하고 산책을 하거나 자전거를 탔다. 이렇게 할 수 있었던 이유는 연중무휴였던 가게를 매주 월요일은 쉬기로 결정했기 때문이다. 쉽지 않은 결단이었다.

또 야간 아르바이트 직원을 써서 설이 엄마는 매일 저녁 7시에 퇴근해서 아이들 저녁을 챙겼다. 월요일 저녁 8시에는 다 같이 모여 서로 책을 읽고 이야기 나누고 노트에 필사하는 시간을 가한 디지털 중독 회복 프로그램과 교육 자료를 제공하고, 지역센터를 통해 전문적인 개입이 가능하다.

또한 시청자미디어재단은 디지털 리터러시 교육과 미디어 과몰입 예방 프로그램을 운영하고 있으며, 디지털리터러시교육협회는 건강한 미디어 활용 역량 강화를 위한 교육과 부모 대상 워크숍 등을 진행하고 있다.

이러한 기관과 자료들을 잘 활용한다면, 디지털에 휘둘리지 않고 스스로 조절하는 힘을 회복하는 데 도움이 될 것이다.

설이네 가족의 치유 이야기

"내 핸드폰이야! 엄마가 뭔데 왜 내 폰을 함부로 가져가? 엄마가 나한테 제대로 신경 써 준 적 있어? 엄마는 돈 버는 기계잖아. 엄마한테 나는 귀찮고 걸리적거리기만 한데 날 왜 낳았어?"

5학년 설이와 엄마는 매일같이 핸드폰을 두고 실랑이를 벌였다. 설이는 폰 없이는 불안했고, 엄마가 무작정 빼앗으려 하니 상처 주는 말이 먼저 튀어나왔다. 사실 설이는 엄마, 아빠보다 폰이 더 편했다. 부모님은 가게 운영으로 늘 바빴고, 설이는 어릴 때부터 조부모 손에 자랐다. 요즘도 밤늦게까지 가게를 지키는 부모님 대신 동생을 돌보는 건 설이의 몫이었다. 어린이집 등·하원, 저

30분은 무조건 화면 차단하는 전략을 가족이 함께 약속하고 실천하면 회복 효과가 강력하다.

둘째, 앱 사용 시간제한을 설정하라. 스마트폰 기본 기능이나 관리 앱으로 앱별 사용 시간을 제한하자. 한 번에 차단하기보다 매일 30분씩 줄이는 방식이 현실적이다.

셋째, 기기 사용 공간을 제한하라. 침실, 식탁, 화장실에서 스마트폰을 없애라. 사용 장소를 제한하면 사용 빈도도 줄어든다.

넷째, 스크린 일기를 쓰라. 언제, 왜 스마트폰을 봤는지 짧게라도 적어보자. 의식의 전환은 기록에서 시작된다.

디지털 회복은 통제보다 설계가 먼저다. 뇌를 다시 숨 쉬게 하려면, 작고 확실한 변화부터 시작해야 한다. 끊는 것이 아니라, 덜 보며 괜찮은 나를 회복하는 일. 그 첫걸음은 오늘 저녁, 스마트폰을 테이블에 내려놓는 것일지도 모른다.

디지털 중독을 스스로 점검하고 회복을 도울 수 있는 기관으로는 다음과 같은 곳들이 있다.

한국지능정보사회진흥원의 스마트쉼센터에서는 연령별 디지털 과의존 자가진단과 전문 상담 서비스를 제공하며, 지역별 중독 예방 프로그램도 운영하고 있다.

청소년상담복지개발원의 e-청소년 사이트는 청소년을 위한 디지털 중독 예방 교육과 전국 상담복지센터 연계 서비스를 지원한다. 보건복지부 산하 중독관리통합지원센터는 정신 건강과 연계